Ashiqur Rahaman

# Filtro de Gabor para reconhecimento de impressões digitais baseado em minúcias

Ashiqur Rahaman

# Filtro de Gabor para reconhecimento de impressões digitais baseado em minúcias

ScienciaScripts

**Imprint**

Any brand names and product names mentioned in this book are subject to trademark, brand or patent protection and are trademarks or registered trademarks of their respective holders. The use of brand names, product names, common names, trade names, product descriptions etc. even without a particular marking in this work is in no way to be construed to mean that such names may be regarded as unrestricted in respect of trademark and brand protection legislation and could thus be used by anyone.

Cover image: www.ingimage.com

This book is a translation from the original published under ISBN 978-3-659-83102-7.

Publisher:
Sciencia Scripts
is a trademark of
Dodo Books Indian Ocean Ltd. and OmniScriptum S.R.L publishing group

120 High Road, East Finchley, London, N2 9ED, United Kingdom
Str. Armeneasca 28/1, office 1, Chisinau MD-2012, Republic of Moldova, Europe
Printed at: see last page
**ISBN: 978-620-8-26261-7**

Índice:


Capítulo 1 5

Capítulo 2 15

Capítulo 3 22

Capítulo 4 25

Capítulo 5 31

Capítulo 6 42

# Filtro de Gabor para impressão digital baseada em minúcias
# Reconhecimento

Ashiqur Rahaman

# Para o meu pai

## Resumo


O reconhecimento de impressões digitais é um dos métodos mais populares utilizados para a identificação com maior grau de sucesso devido às suas caraterísticas únicas denominadas minúcias. Atualmente, o sistema de impressões digitais tem sido amplamente utilizado na segurança, na aplicação da lei, na verificação da identidade, na investigação de bases de dados de imagens, em cartões inteligentes, no sistema de justiça penal, no alojamento de sítios Web, nas redes sociais, etc. Por conseguinte, é essencial desenvolver uma técnica estável, rápida e altamente exacta para o reconhecimento de impressões digitais. A técnica de reconhecimento de impressões digitais baseada em minúcias é uma das técnicas mais utilizadas tanto por máquinas como por peritos humanos. Há uma série de factores que prejudicam a localização correta das minúcias. Entre eles, o mais grave é a má qualidade da imagem.

Nesta tese, é implementado um filtro de Gabor no domínio espacial para melhorar a qualidade da imagem da impressão digital. Após o melhoramento, foi feita a binarização e a segmentação para selecionar a região de interesse (ROI). De seguida, foram analisadas algumas operações morfológicas para extrair minúcias da impressão digital. Depois de completar a extração das minúcias reais, foi utilizado um algoritmo de correspondência elástica baseado no alinhamento. Este algoritmo é capaz de encontrar as correspondências entre o padrão de minúcias de entrada e o padrão de minúcias do modelo armazenado sem recorrer a uma pesquisa exaustiva. Com base na análise, é desenvolvida uma solução integrada de um filtro de Gabor para o reconhecimento de impressões digitais com base em minúcias.

O desempenho do sistema é avaliado utilizando a impressão digital FVC2000 (Fingerprint Verification Competition 2000). Também calculámos a taxa de falsa aceitação, a taxa de falsa rejeição, a taxa de erro igual e a taxa de erro total em diferentes limiares como parâmetros de desempenho do sistema implementado. A curva ROC também foi apresentada nos resultados.

# Agradecimentos

Em primeiro lugar, gostaria de agradecer a Alá todo-poderoso por me ter dado força, paciência e capacidade para concluir o trabalho de investigação.

No que diz respeito ao resultado desta tese, expresso o mais profundo sentimento de gratidão do fundo do coração ao meu orientador, **Dr. M. Babul Islam**, Professor Associado, Departamento de Física Aplicada e Engenharia Eletrónica, Universidade de Rajshahi, pela sua supervisão competente, orientação valiosa e escolar, encorajamento constante, profunda cordialidade e discussão construtiva ao longo do trabalho de investigação. Estou-lhe especialmente satisfeito e grato por me ter permitido trabalhar sob a sua supervisão.

Estou muito grato ao meu ilustre professor, Professor **Dr. Mamunur Rashid Talukder**, Presidente do Departamento de Física Aplicada e Engenharia Eletrónica da Universidade de Rajshahi, por me ter selecionado como aluno para a tese e pelas suas valiosas sugestões e encorajamento.

Expresso a minha gratidão ao meu reverendo professor **Dr. M. Mozaffor Hossain**, Presidente do comité de exame do Mestrado (Final) 2013-2014, pelo seu encorajamento para apresentar a tese atempadamente.

Gostaria também de agradecer a todos os outros que me apoiaram na tese ou noutros aspectos dos meus estudos na Universidade de Rajshshi.

O autor

# Capítulo 1
## *Introdução*

## 1.1  Antecedentes

Recentemente, o local de trabalho humano tem sido mais fechado ao sistema eletrónico, com o comércio eletrónico, a banca em linha, etc., a ser mais popular e, de acordo com este tipo de necessidades, várias organizações têm tomado mais medidas para manter a privacidade e a segurança da informação armazenada em várias bases de dados e têm utilizado o sistema biométrico para esse fim. Além disso, a identificação tradicional baseada em vários tipos de autenticação de identidade, como o sistema baseado no conhecimento, como a palavra-passe, ou o sistema baseado em fichas, como os cartões magnéticos e o passaporte, não é capaz de satisfazer os requisitos de segurança adequados em todos os locais. Na segurança baseada no conhecimento, a palavra-passe ou o número PIN podem ser pirateados eletronicamente e esse sistema não consegue distinguir uma pessoa não autorizada de uma pessoa autorizada. Atualmente, a necessidade de identificação pessoal com base na impressão digital tem sido muito popular devido à segurança em grande escala devido à sua caraterística única e consistência ao longo do tempo.

Pessoas diferentes têm impressões digitais diferentes e a impressão digital de uma pessoa não é a mesma que a de outra, mesmo no caso de pessoas gémeas. Utilizando esta caraterística sofisticada, pode ser implementado um sistema de segurança forte ou concreto. Foi proposto um grande número de abordagens para a sua aplicação, sendo as baseadas em minúcias as mais populares devido às suas vantagens.

As minúcias têm sido utilizadas como caraterísticas-chave nas tarefas de reconhecimento de impressões digitais. A sua configuração é altamente distintiva e foram utilizados vários modelos teóricos para fornecer uma aproximação da individualidade das impressões digitais. Os sistemas baseados nas minúcias são mais exactos do que os sistemas baseados na correlação e o tamanho do modelo da representação das impressões digitais baseada nas minúcias é pequeno. Os peritos forenses utilizam esta representação, que passou a fazer parte de várias normas para o intercâmbio de informações entre diferentes sistemas em todo o mundo.

Nesta tese, estudamos os recentes avanços no campo da extração e reconhecimento de impressões digitais com base em minúcias. A correspondência baseada em minúcias é a técnica mais popular e amplamente utilizada, sendo a base da comparação de impressões digitais efectuada pelos examinadores de impressões digitais. As minúcias são extraídas das duas impressões digitais e armazenadas como conjuntos de pontos no plano bidimensional. A correspondência baseada em minúcias consiste essencialmente em encontrar o alinhamento entre o modelo e os conjuntos de minúcias de entrada que resultam no número máximo de pares de minúcias.

Nesta dissertação, apresentamos uma abordagem baseada em minúcias, intitulada "Filtro de Gabor para reconhecimento de impressões digitais baseado em minúcias".

## 1.2  Biometria

Duas palavras gregas, *bios* significa vida e *metron* significa medida, ambas utilizadas para designar a biometria. Assim, podemos dizer que os traços biométricos são medições do corpo humano vivo com base em caraterísticas anatómicas e comportamentais [1], [2]. Devido a este facto, a diferença entre uma pessoa autorizada e não autorizada pode ser feita utilizando o sistema biométrico.

As caraterísticas anatómicas e comportamentais são distintas e é impossível que uma pessoa se esqueça ou perca alguma destas caraterísticas e a pessoa a autenticar tem de estar presente no ponto de identificação [3].

Por outro lado, podemos simplesmente dizer que a biometria se refere à utilização de caraterísticas anatómicas e comportamentais distintas para reconhecer uma pessoa [4].

## 1.3  Sistema biométrico

Os sistemas biométricos podem ser designados por sistemas de verificação ou de identificação, consoante o seu processo de reconhecimento [5]. Segue-se uma breve análise de ambos os sistemas:

❖ **Sistema de verificação**:

Neste sistema, a identidade de uma pessoa pode ser verificada por comparação um a um, comparando as caraterísticas biométricas captadas pela pessoa com o seu modelo de caraterísticas biométricas previamente captado. Depois de concluído o processo de comparação, confirma-se que a pessoa é autêntica ou impostora.

❖ **Sistema de identificação**:

Por outro lado, este sistema é um processo de comparação de um para muitos e reconhece uma pessoa autêntica pesquisando toda a base de dados de modelos de registo.

O diagrama de blocos dos sistemas de verificação e identificação é apresentado na figura 1.1. Todo o processo - inscrição (tarefa comum), verificação e identificação - envolve alguns módulos do sistema, como a captura, a extração de caraterísticas, a criação de modelos, a pré-seleção e o armazenamento de dados, etc.

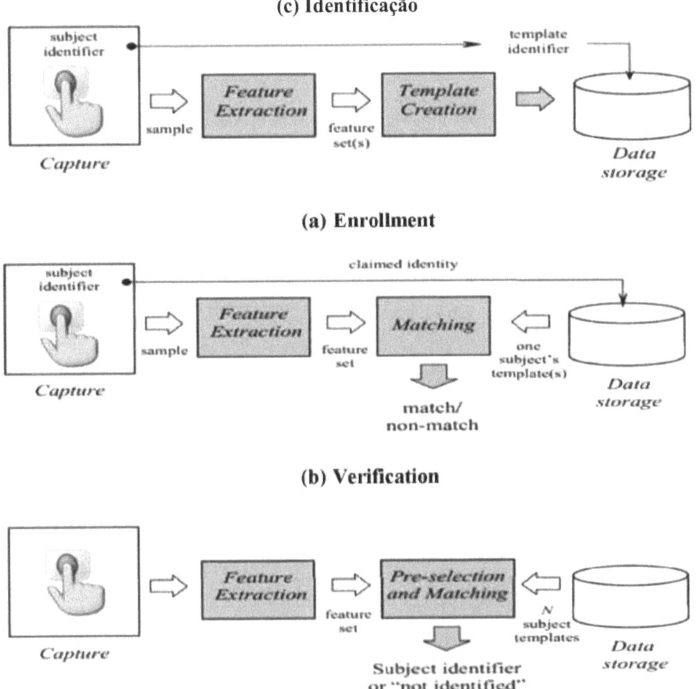


Figura 1.1 Diagrama de blocos da inscrição, verificação e identificação [5].

## 1.4 Principais tecnologias biométricas

Nos últimos anos, estão a ser investigadas várias tecnologias biométricas e sete delas são amplamente utilizadas. As tecnologias biométricas mais utilizadas são **[4]**, **[5]**, **[6]**, **[7]**:

- Reconhecimento de impressões digitais;
- Reconhecimento facial;
- Reconhecimento da geometria da mão;
- Reconhecimento da íris e da retina;
- Reconhecimento de voz;
- Reconhecimento das veias da mão/dedo;
- Reconhecimento de assinatura.

A comparação entre todas as tecnologias é ilustrada no quadro 1.1. Pode concluir-se facilmente do quadro que o reconhecimento de impressões digitais se encontra numa situação de equilíbrio entre todas as outras devido à sua caraterística distintiva. Nesta tese, utilizámos o reconhecimento de impressões digitais como tecnologia de reconhecimento biométrico.

| Identificador biométrico | Universalidade | Carácter distintivo | Permanência | Coleccionabilidade | Desempenho | Aceitabilidade | Circunvenção |
|---|---|---|---|---|---|---|---|
| Rosto | H | L | M | H | L | H | H |
| Impressão digital | M | H | H | M | H | M | M |
| Geometria da mão | M | M | M | H | M | M | M |
| Veia da mão/dedo | M | M | M | M | M | M | L |
| Íris | H | H | H | M | H | L | L |
| Assinatura | L | L | L | H | L | H | H |
| Voz | M | L | L | M | L | H | H |

(H=ALTO, M=MÉDIO, L=BAIXO)

Quadro 1.1 Comparação entre sete tecnologias biométricas.

## 1.5 Descrição geral da impressão digital

A impressão digital tem estado envolvida na identificação pessoal desde há muito tempo. Recentemente, tornou-se mais popular e amplamente utilizada para reconhecimento entre outros sistemas biométricos. Henry Fauld, em 1880, foi o primeiro a sugerir cientificamente a individualidade e a singularidade das impressões digitais. Ao mesmo tempo, Herschel afirmou que tinha praticado a identificação de impressões digitais durante cerca de 20 anos [8].

[th] Na prática, a impressão digital tem sido utilizada como identificação pessoal desde finais do século XIX, quando Sir Francis Galton definiu alguns dos pontos ou caraterísticas "pontos de Galton" a partir dos quais as impressões digitais podem ser identificadas [9].

Uma impressão digital é constituída principalmente por padrões de cristas e vales e os padrões são diferentes de pessoa para pessoa. A figura 1.2 apresenta uma impressão digital.

Figura 1.2 Cumes e vales de uma impressão digital.

A Figura 1.2 mostra que a crista da impressão digital é deslocada como pixel preto e o vale da impressão digital como pixel branco.

Atualmente, as impressões digitais têm sido utilizadas na divisão forense para investigação criminal e um número crescente de aplicações civis e comerciais está a utilizar ou a considerar ativamente a utilização da identificação com base em impressões digitais, devido a uma melhor compreensão das impressões digitais e a um desempenho de correspondência demonstrado do que qualquer outra tecnologia biométrica existente.

## 1.5.1 Representação de impressões digitais

A necessidade de representação da impressão digital surge com o objetivo de tornar legível por máquina e compreensível a forma de uma imagem capturada da ponta do dedo. A representação da impressão digital pode ser efectuada de três formas principais **[8]**, **[10]**,**[12]**.

**Representação a nível global:**

Esta representação depende da estrutura das cristas, dos pontos de referência globais e das caraterísticas dos padrões das cristas, tais como os **pontos** singulares e o mapa de orientação **das cristas**, e é sensível **à** qualidade das imagens das impressões digitais **[10]**.

Figura 1.3 Representação da impressão **digital** a nível global.

**Representação a nível local:**

Nesta representação, a impressão digital pode ser representada **através** da utilização de pequenos pontos denominados minúcias numa região **restrita** da impressão digital **[9]**, mostrada na figura 1.4. Normalmente, as minúcias podem ser classificadas em 150 tipos **[11]** e, entre todos os outros, a "terminação da crista" **e** a **"bifurcação** da crista" **têm sido** amplamente utilizadas. Os diferentes tipos de minúcias são ilustrados na figura **1.5**.

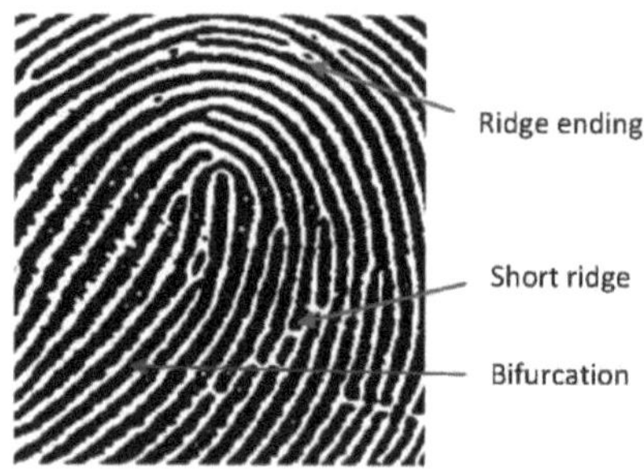


Figura 1.4 Representação da impressão digital a nível local.

| Ending | Bifurcation | Crossover |
|---|---|---|
| Island | Lake | Spur |

Figura 1.5Tipos de minúcias frequentemente utilizados **[11]**.

**Representação de nível muito fino/representação intra-crista:**

Este tipo de representação está associado a poros de suor minúsculos. O número total de poros, a posição dos poros e a forma dos poros são altamente distintivos, mas esta representação tem algumas limitações e não é adequada para todas as aplicações **[10]**. Esta representação é mostrada **na** figura 1.6

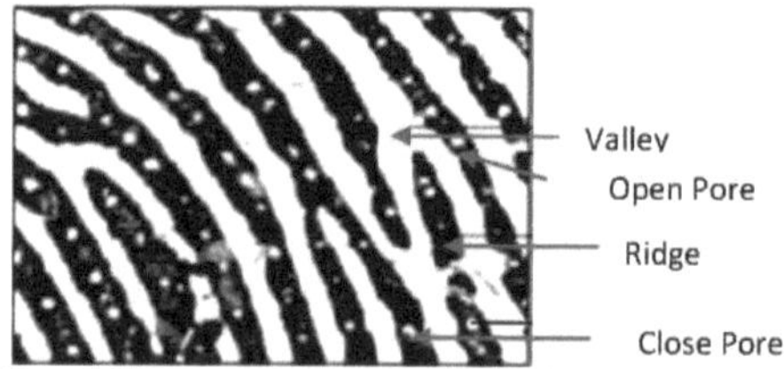


Figura 1.6 Representação de nível muito fino da impressão digital.

## 1.5.2 Classificação das impressões digitais

Cada pessoa tem impressões digitais únicas. Um avanço importante na identificação das impressões digitais foi efectuado em 1899 por Edward Henry, que estabeleceu o famoso "sistema Henry" de classificação das impressões digitais [12] e, com base na orientação das cristas, as impressões digitais foram classificadas em seis categorias.

❖ **Arco:**

Nesta classe, as cristas entram de um lado, sobem para formar uma pequena saliência e depois descem para o lado oposto. Não há laços ou pontos delta, como mostra a figura 1.7 (a).

❖ **Arco de tenda:**

Esta classe é semelhante à do arco, exceto que pelo menos uma crista tem uma curvatura elevada, pelo que há um núcleo e um ponto delta, como mostra a figura 1.7 (b).

❖ **Laço esquerdo:**

Nesta classe, o laço é apresentado no lado esquerdo da impressão digital e uma ou mais cristas entram de um lado, curvam-se para trás e saem pelo mesmo lado por onde entraram. O núcleo e o delta estão presentes, como mostra a figura 1.7 (c).

❖ **Laço direito:**

O laço da direita é igual ao da esquerda, mas em direção diferente, como mostra a figura 1.7 (d).

❖ **Espiral:**

Contém pelo menos uma crista que faz um percurso completo de 360 graus em torno do centro da impressão digital. Podem ser encontrados dois loops e dois deltas, como mostra a figura 1.7 (e).

❖ **Twin Whorl:**

Apresenta duas espirais, como mostra a figura 1.7 (f).

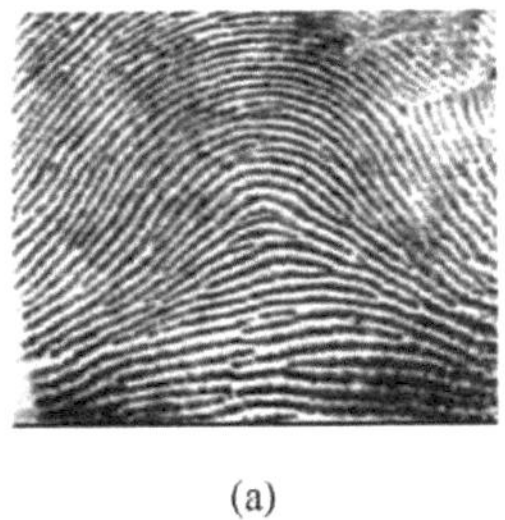

(a)

(b)

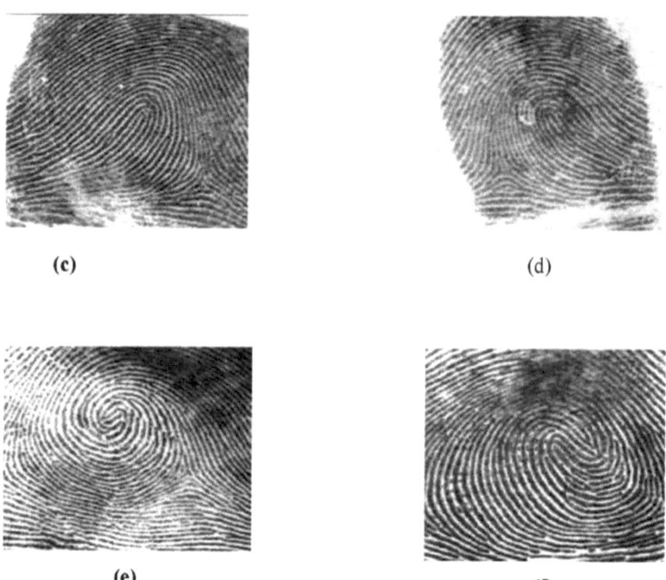
(c)

(d)

(e)

(f)

Figura 1.7 Classificações das impressões digitais, (a) Arco, (b) Arco em Tenda, (c) Laço Esquerdo, (d) Laço Direito, (e) Espiral e (f) Espiral Dupla.

## 1.5.3 Identificação e verificação de impressões digitais

A correspondência de qualquer sistema biométrico é efectuada principalmente de duas formas: verificação e identificação [5]. Neste ponto, abordamos a verificação e a identificação da impressão digital. O diagrama de blocos do sistema é apresentado na figura 1.8.

**Verificação:**

Tal como referido anteriormente (secção 1.3), neste sistema, a identidade de uma pessoa pode ser verificada por comparação um a um, comparando a imagem da impressão digital capturada pela pessoa com o modelo de impressão digital previamente capturado. Depois de concluído o processo de comparação, confirma-se que a pessoa é autêntica ou impostora, como se mostra em 1.8 (a).

**Identificação:**
Ao contrário da verificação, este sistema é um processo de comparação de um para muitos e reconhece uma pessoa autêntica pesquisando todo o modelo de impressão digital de registo da base de dados, como se mostra em 1.8(b).

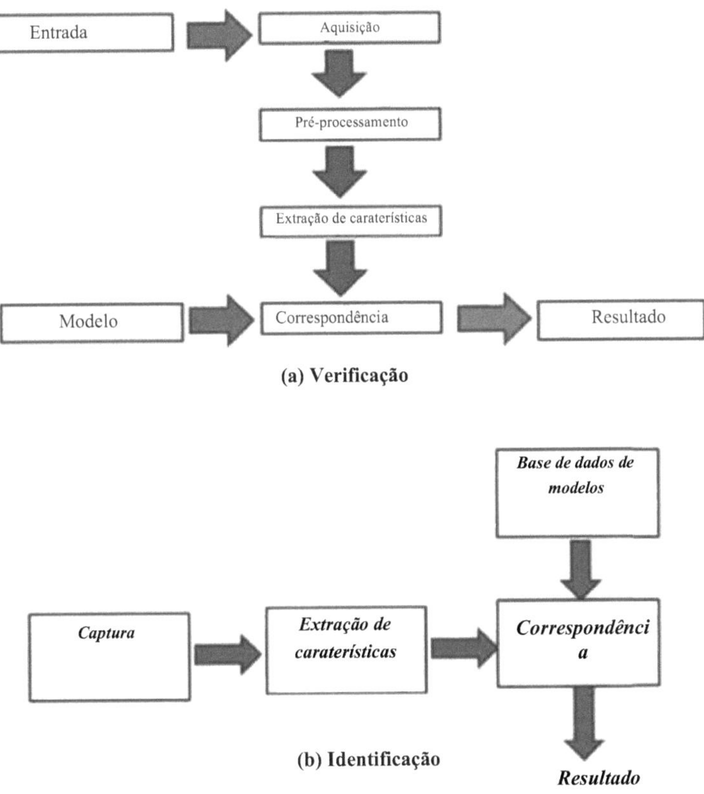



Figura 1.8(a) Verificação das impressões digitais, (b) Identificação das impressões digitais.

## 1.6 Objectivos

O principal objetivo desta tese é implementar o filtro de Gabor para o reconhecimento de impressões digitais com base em minúcias. Um sistema convencional de reconhecimento de impressões digitais foi segregado em três partes principais, nomeadamente o dispositivo de aquisição, o extrator de minúcias e o combinador de minúcias. No caso de um extrator de minúcias, são utilizados principalmente três passos - pré-processamento, extração de minúcias e fase de pós-processamento.

Na fase de pré-processamento, é implementado um filtro de Gabor no domínio espacial para melhorar a imagem e, em seguida, a impressão digital é binarizada com o método de limiar localmente adaptável. No final desta etapa, procedemos à direção do bloco, ao fluxo de orientação das intensidades e à região de interesse (ROI) através de operações morfológicas para satisfazer os requisitos de segmentação da imagem.

Na segunda fase - fase de extração de minúcias, é feito o desbaste e a marcação das minúcias. Na última fase - a fase de pós-processamento, é desenvolvido um algoritmo mais rigoroso para remover as falsas minúcias com base no conceito de Crossing Number utilizado para extrair as minúcias, seguido da eliminação das falsas minúcias.

Na fase de correspondência, o alinhador de minúcias escolhe duas minúcias quaisquer como par de minúcias de referência e, em seguida, faz primeiro a correspondência das suas cristas associadas. Se as cristas corresponderem bem, as duas imagens de impressões digitais são alinhadas e a correspondência é efectuada para todas as restantes minúcias.

Finalmente, mostrámos que a utilização de todas as técnicas apresentadas nesta tese melhora significativamente o desempenho de um sistema de reconhecimento de impressões digitais numa grande base de dados, como a base de dados de impressões digitais **FVC2000** (Fingerprint Verification Competition 2000).

## 1.7 Organização

O resto do artigo está organizado da seguinte forma:

O Capítulo 2 descreve a teoria de base de uma técnica de reconhecimento de impressões digitais, incluindo a deteção e aquisição de impressões digitais, a extração de caraterísticas e a correspondência.

O Capítulo 3 apresenta a conceção do sistema de reconhecimento de impressões digitais e fornece uma visão geral do pré-processamento, da marcação de minúcias, do pós-processamento e da identificação.

O Capítulo 4 aborda o filtro de Gabor com os seus fundamentos teóricos e ilustra também as suas aplicações em ID e 2D.

O Capítulo 5 apresenta a implementação do sistema proposto com os seus vários passos, como a otimização da imagem, a binarização, a segmentação, o desbaste, a marcação de minúcias, a remoção de falsas minúcias e a correspondência.

O capítulo 6 apresenta a avaliação do desempenho do sistema proposto e dá uma ideia da taxa de falsa aceitação, da taxa de falsa rejeição, da taxa de erro igual, da taxa de erro total e da curva ROC.

Por fim, no Capítulo 7, são apresentadas as conclusões e a orientação para o trabalho futuro com base no sistema implementado.

# Capítulo 2
## *Teoria de fundo*

## 2.1 Visão geral

[th]O reconhecimento biométrico, como o reconhecimento de impressões digitais, tem sido utilizado como meio de identificação pessoal desde finais do século XIX [8], tendo sido utilizados alguns passos importantes para satisfazer os requisitos de conceção da técnica de reconhecimento de impressões digitais.

Neste capítulo, abordamos os passos comuns da técnica de reconhecimento de impressões digitais.

## 2.2 Técnica de reconhecimento de impressões digitais

Tradicionalmente, a tecnologia de reconhecimento de impressões digitais pode ser dividida em três etapas principais, nomeadamente a digitalização e a aquisição, a extração de caraterísticas e a correspondência. Todas estas etapas dependem umas das outras. Uma técnica de reconhecimento de impressões digitais não pode funcionar sem qualquer uma delas. O diagrama de blocos correspondente é apresentado na figura 2.1.

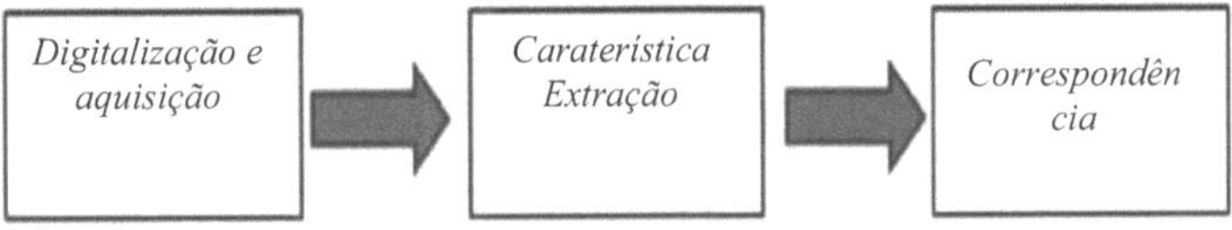


Figura 2.1 Etapas do reconhecimento convencional de impressões digitais.

## 2.2.1 Digitalização e aquisição

Historicamente, há cerca de 30 anos, os scanners de impressões digitais foram introduzidos pela primeira vez [5] para identificar ou verificar indivíduos e utilizar as caraterísticas distintivas da impressão digital. Todas as impressões digitais têm caraterísticas e padrões únicos. Um padrão normal de impressão digital é constituído por linhas e espaços. Estas linhas são pretas e designadas por cristas, enquanto os espaços são brancos e situam-se entre as cristas, designados por vales. O padrão destes sulcos e vales é único para uma impressão digital e só pode ser comparado com a mesma impressão digital para efeitos de verificação e autorização [15]. A figura 2.2 (a) mostra uma impressão digital e a figura 2.2 (b) apresenta imagens específicas das cristas e dos vales.

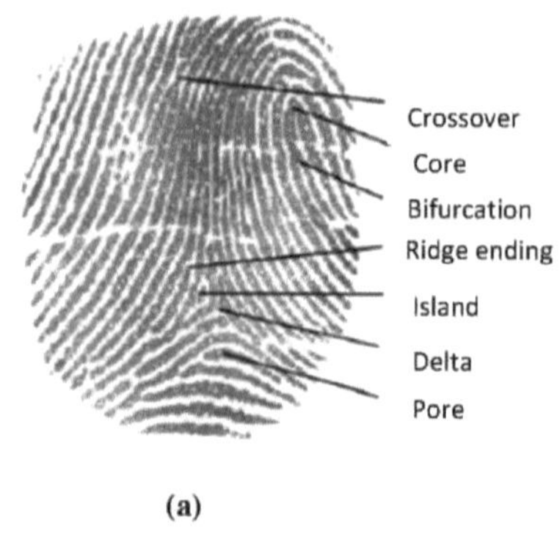


(a)

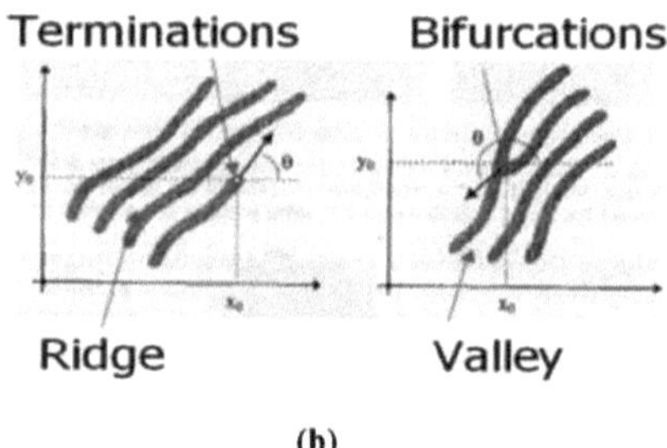


(b)

Figura 2.2 Uma impressão digital (a) adquirida por um scanner (b) a sua crista e vale com terminação e bifurcação.

O primeiro desafio de um sistema de leitura de impressões digitais é obter uma imagem de alta qualidade de uma impressão digital. A qualidade da imagem é medida em pontos por polegada (DPf) - mais pontos por polegada significa uma imagem de maior resolução.

Apresenta-se de seguida um resumo dos requisitos impostos às imagens das impressões digitais de 500 DPi [16]:

**Precisão geométrica**: A diferença, A, entre o valor real e o valor medido da distância entre o conjunto de teste do material de digitalização não deve exceder:

A< 0,0007, para 0,00 < X< 0,07

A < 0,01X, para 0,07 <X< 1,50,

em que $A = |Y - r|$

X = distância real do alvo, Y = distância medida da imagem, e A, X, Y estão em polegadas.

❖ **Gama de cinzentos das impressões digitais**: Na maioria das imagens produzidas, deve haver pelo menos 200 níveis de cinzento (antes da conversão em imagem digital).

❖ **Artefactos e anomalias das impressões digitais**: Os artefactos ou anomalias produzidos pelo scanner não devem ter um efeito adverso significativo nos sistemas de concordância correspondentes.

❖ **Nitidez e pormenor das impressões digitais**: A nitidez e o pormenor das imagens das impressões digitais devem ser suficientemente elevados para permitir comparações conclusivas das impressões digitais, a classificação das impressões digitais, a deteção automática de caraterísticas e o sistema integrado e automatizado de identificação de impressões digitais.

Após a deteção da imagem, o passo seguinte dos sistemas de reconhecimento de impressões digitais é a aquisição da imagem. A aquisição de imagens pode ser efectuada de duas formas principais e estas são geralmente utilizadas, uma é o processo offline e a outra é o processo online [5].

Relativamente ao processo offline, este processo é popularmente conhecido como "tecnologia baseada em tinta" [16] e o outro processo, o processo online, é conhecido como "processo de digitalização em direto" [5]. No processo offline, as impressões digitais com tinta são de três tipos [3]: rolada, dab e latente.

No método de aquisição de impressões digitais por rolagem [3], é aplicada tinta no dedo e depois rolada num papel de um lado ao outro da unha para formar uma impressão e o papel é depois digitalizado com uma resolução de 500 dpi por um scanner normalizado de escala de cinzentos, como mostra a figura 2.3(a).

No processo de aquisição de impressões digitais por pincelada [17], a tinta é aplicada no dedo e depois pressionada sobre um papel sem rolar. O papel é depois digitalizado numa imagem digital.

Normalmente, as impressões digitais com tinta dab têm menos deformação não linear, mas uma área mais pequena do que as impressões digitais com tinta laminada, como mostra a figura 2.3 (b).

As impressões digitais latentes [3] formam-se quando os dedos deixam uma fina camada de suor e gordura nas superfícies em que tocam, devido à presença de poros de suor nas pontas dos dedos, como mostra a figura 2.3 (c).

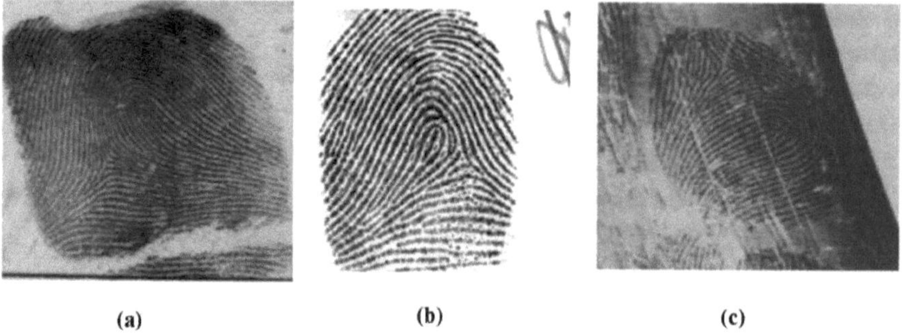

**(a)**              **(b)**              **(c)**

Figura 2.3 Impressões **digitais diferentes** do **processo offline** (a) **Rolled** (b) Dab **e (c)** Latent

No processo em linha, são utilizados popularmente três tipos **básicos** de sensores, **nomeadamente** sensores ópticos, sensores **ultra-sónicos** e sensores de **capacitância [5]**, **[18]**.

**Os sensores** ópticos **[19]** captam uma imagem digital da impressão digital utilizando uma luz LED e **um** CCD colocado num padrão lateral. A **luz** reflectida pelo dedo passa através de **uma** camada de **fósforo para uma** matriz de pixéis **que realça** a **crista** e o vale **da** impressão digital colocada na camada e capta uma imagem visual da impressão digital, mostrada na figura 2.4.

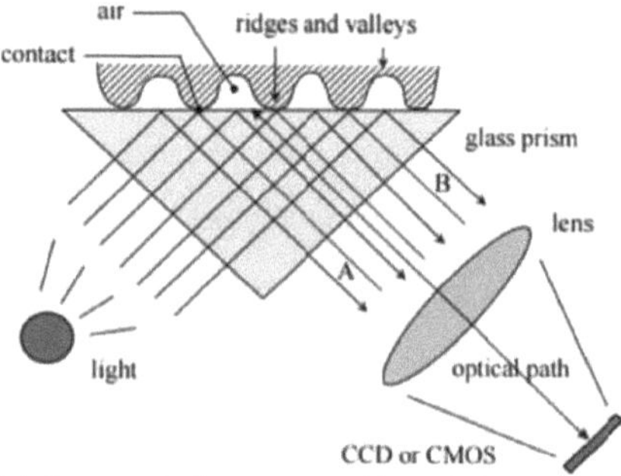


Figura 2.4 Sensores ópticos para aquisição de impressões digitais.

O sensor baseado no chip Thompson-CFS **[18]** funciona com base na deteção térmica da diferença de temperatura entre as cristas e os vales.

Nos sensores ultra-sónicos **[5]**, **[20]** utilizam-se ondas sonoras de frequência muito elevada para penetrar na camada epidérmica da pele, como se mostra na figura 2.5. As ondas sonoras são geradas utilizando transdutores piezoeléctricos. As medições das ondas reflectidas podem ser utilizadas para formar uma imagem da impressão digital. Quando um dedo é colocado no chip, são criadas cargas eléctricas entre a superfície do dedo e cada uma das placas de silício. A magnitude destas cargas eléctricas depende da distância entre a superfície da impressão digital e as placas de capacitância. Assim, as cristas e os vales das impressões digitais resultam em diferentes padrões de capacitância ao longo das placas.

Por outro lado, num sensor capacitivo **[19]**, este é constituído por uma matriz bidimensional de placas capacitivas, como mostra a figura 2.6. No entanto, uma medição exacta da capacitância é bastante difícil de fazer e ajustar, e cada fornecedor tem o seu próprio método para obter sensibilidade suficiente para fazer a diferença entre as cristas e os vales **[18]**. Os sensores da Veridicom **[18]** e da Siemens **[18]** baseiam-se na capacitância diferencial.

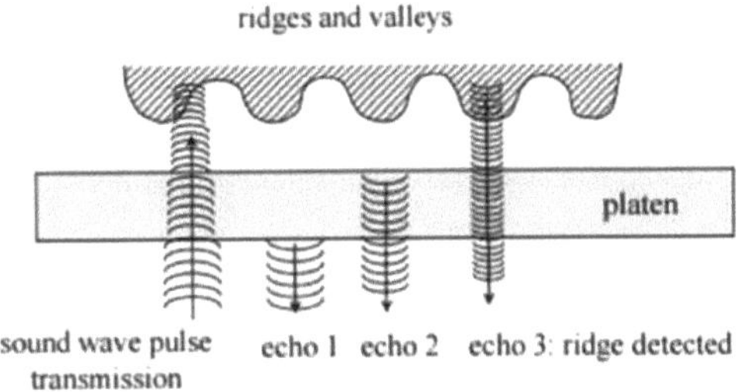


Figura 2.5 Sensores ultra-sónicos para deteção de impressões digitais.

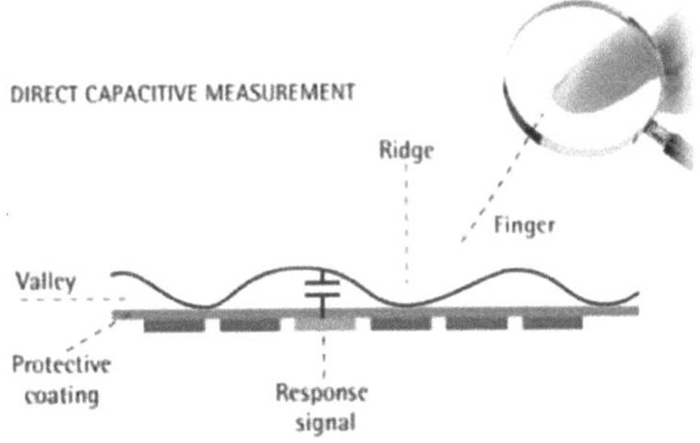


Figura 2.6 Sensores capacitivos.

## 2.2.2 Extração de caraterísticas

Após a **deteção** e aquisição da imagem, **a extração de** caraterísticas é o passo essencial para satisfazer os **requisitos** do sistema **de reconhecimento de** impressões digitais. A precisão do sistema de reconhecimento de impressões digitais depende sobretudo **da** etapa de extração de caraterísticas. Através deste processo, **são extraídas caraterísticas** úteis **para a identificação** e/ou autenticação da biometria. Esta **fase é utilizada para extrair** dois tipos **principais** de caraterísticas das impressões digitais**[21]**:

(i) **Estruturas** globais de cristas e **vales** que formam **um** padrão especial na região central **das** impressões digitais, uma impressão digital é normalmente classificada com base apenas neste tipo de caraterísticas.

(ii) Pormenores de minúcias associados a **cristas** e vales locais, de forma única identificados com base neste **tipo** de caraterísticas.

A orientação típica global e **local das cristas** e dos vales é apresentada na figura 2.7.

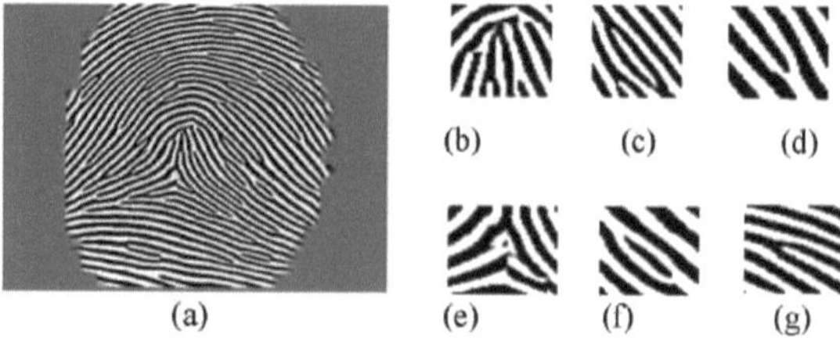



Figura 2.7 Caraterísticas globais e locais de uma impressão digital (a) Impressão digital (b) Ponto delta (c) Ilha (d) Bifurcação (e) Descrição global (f) Extremidade da crista e (g) caraterística de minúcias de outro tipo.

Para obter uma representação rica, uma representação complementar deve combinar as fontes de informação globais e locais numa impressão digital. Esta representação deve ter em conta não só as anomalias locais na estrutura das cristas, mas também, por exemplo, o padrão global de cristas e sulcos, as distâncias entre cristas e os padrões globais de fluxo das cristas. Além disso, é uma vantagem adicional conceber representações que possam ser extraídas automaticamente e de forma fiável da impressão digital e cuja extração se degrade graciosamente com a deterioração da qualidade das impressões digitais [21].

No entanto, por outro lado, no que respeita ao processamento automático de impressões digitais, os peritos permitem a utilização de coordenadas cartesianas [22] e de distâncias euclidianas [23] para estabelecer a semelhança entre impressões digitais para efeitos de identificação. Do mesmo modo, a utilização de uma representação alternativa da impressão digital que tenha um bom poder discriminatório também é viável para os sistemas automáticos.

## 2.2.3 Correspondência

A correspondência é a fase final ou última fase de uma técnica convencional de reconhecimento de impressões digitais. O grande número de abordagens à correspondência de impressões digitais pode ser classificado em três categorias [5], [22].

- ❖ **Correspondência baseada na correlação:** Na correspondência baseada na correlação, duas imagens de impressões digitais são sobrepostas e a correlação entre os pixels correspondentes é calculada para diferentes alinhamentos, como várias deslocações e rotações. A transformada de Fourier pode ser utilizada para acelerar o cálculo da correlação.

- ❖ **Correspondência baseada em minúcias:** A correspondência baseada em minúcias é a técnica mais popular e amplamente utilizada, que constitui a base da comparação de impressões digitais efectuada pelos examinadores de impressões digitais. As minúcias são extraídas das duas impressões digitais e armazenadas no plano bidimensional como conjuntos de pontos. A correspondência baseada em minúcias consiste essencialmente em encontrar o alinhamento entre o modelo e os conjuntos de minúcias de entrada que resultam no número máximo de pares de minúcias.

❖ **Correspondência baseada em padrões ou imagens:** Os algoritmos baseados em padrões ou imagens comparam os padrões básicos das impressões digitais - arco, espiral e laço - entre um modelo previamente armazenado e uma impressão digital candidata. Para tal, é necessário que as imagens estejam alinhadas na mesma orientação. Para o efeito, o algoritmo encontra um ponto central na imagem da impressão digital e centra-se nesse ponto. A imagem da impressão digital candidata é comparada graficamente com o modelo para determinar o grau de correspondência entre elas. Num algoritmo baseado em padrões, o modelo contém a orientação dos padrões, o tipo e o tamanho na imagem de impressão digital alinhada.

Entre todas, a correspondência baseada em minúcias tem sido utilizada popularmente. Nesta tese, utilizámos a correspondência baseada em minúcias.

# Capítulo 3
## *Conceção do sistema de reconhecimento de impressões digitais*

## 3.1 Visão geral do sistema

[th]A partir de finais do século XIX, após a definição dos "pontos de Galton" [9], abriu-se uma nova janela para fins de segurança e privacidade e a identificação por impressões digitais ganhou popularidade para satisfazer as necessidades de segurança e privacidade devido à sua caraterística única e consistência ao longo do tempo.

Tradicionalmente, um sistema de reconhecimento de impressões digitais deve depender de três fases principais: pré-processamento, extração de caraterísticas e pós-processamento. Todas estas etapas são muito importantes para completar um sistema de reconhecimento de impressões digitais. A figura 3.1 apresenta uma visão pictórica de um sistema convencional de reconhecimento de impressões digitais.

Neste capítulo, abordamos as principais etapas de um sistema de reconhecimento de impressões digitais.

## 3.1.1 Pré-processamento

Na fase de pré-processamento, que é amplamente abordada no capítulo 5, a imagem da impressão digital foi processada para a fase seguinte, ou seja, a fase de extração das minúcias. Há três passos principais para completar esta fase[22]. Estas são o melhoramento da imagem, a binarização da imagem e a segmentação da imagem, como mostra a figura 3.2.

Na fase de melhoramento da imagem, as imagens das impressões digitais são processadas para operações posteriores, uma vez que as imagens adquiridas pelo scanner são afectadas por ruído [24]. Esta etapa é utilizada para limpar e aumentar o contraste entre as cristas e os vales.

Na etapa de binarização de imagens, a binarização de imagens é o processo de transformar uma imagem em escala de cinzentos numa imagem a preto e branco. Numa imagem em escala de cinzentos, um pixel pode assumir 256 valores de intensidade diferentes, enquanto cada pixel é atribuído a preto ou branco numa imagem a preto e branco. Nesta tese, a imagem da impressão digital é binarizada utilizando o método de limiar localmente adaptável [4]. A tarefa de segmentação da imagem é realizada através de uma abordagem em três etapas: estimativa da direção do bloco, segmentação por intensidade da direção e extração da região de interesse através de operações morfológicas [4].

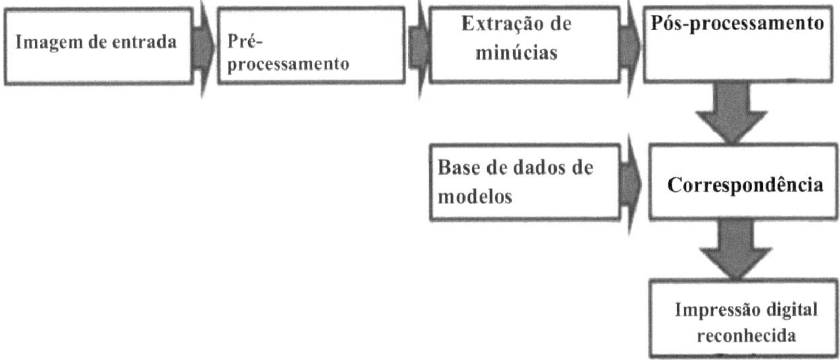


Figura 3.1 **Sistemas** convencionais **de** reconhecimento de imagem.

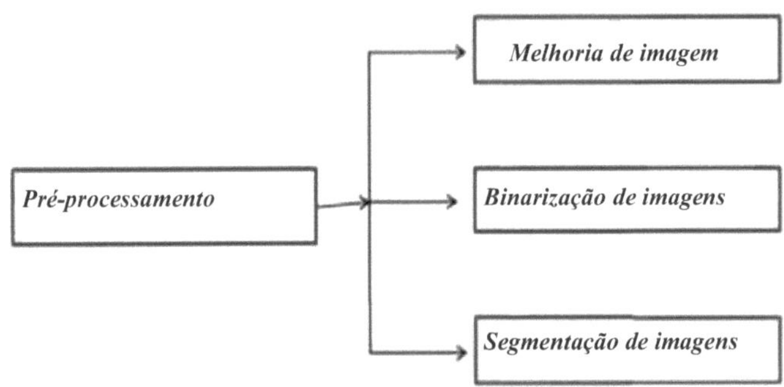


Figura 3.2 Etapas de pré-processamento do sistema de reconhecimento de impressões digitais.

## 3.1.2 Extração de minúcias

A fase seguinte de qualquer reconhecimento de impressões digitais é a extração de caraterísticas (amplamente analisada no capítulo 5). Para satisfazer os requisitos de identificação, as caraterísticas pretendidas são extraídas da imagem da impressão digital e este é o requisito essencial do sistema de identificação e reconhecimento. Esta fase completa a sua operação com o desbaste e a marcação das minúcias, como mostra a figura 3.3.

Na etapa de desbaste, elimina-se os pixéis redundantes das cristas até um pixel de largura da crista [4].

Após o desbaste, as minúcias são marcadas na etapa de marcação de minúcias.

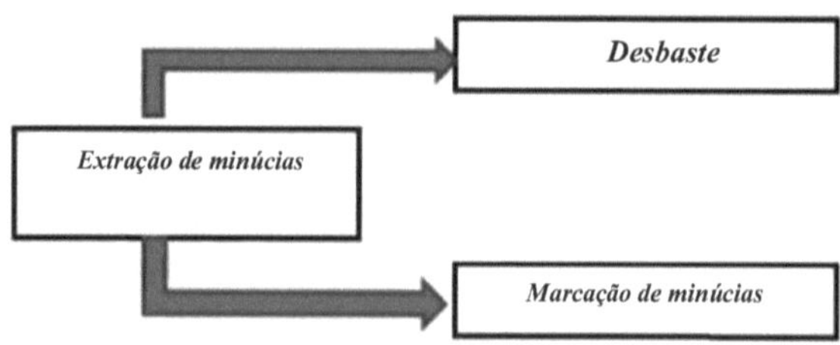


Figura 3.3 Extração de caraterísticas (extração de **minúcias**) da impressão **digital**.

### 3.1.3 Pós-processamento

De acordo com **[25], o algoritmo** de classificação **classifica erradamente** 6,8% **dos** pixéis, o que conduz a uma segmentação **"ruidosa", em que** pequenas **áreas espúrias de** uma classe aparecem dentro de uma área maior da outra classe. A **este** respeito, é necessária uma fase de pós-processamento para eliminar as falsas minúcias, bem como para unificar os vectores de caraterísticas da representação das **minúcias**, que é discutida no capítulo 5. A figura 3.4 apresenta uma visão pictórica do pós-processamento

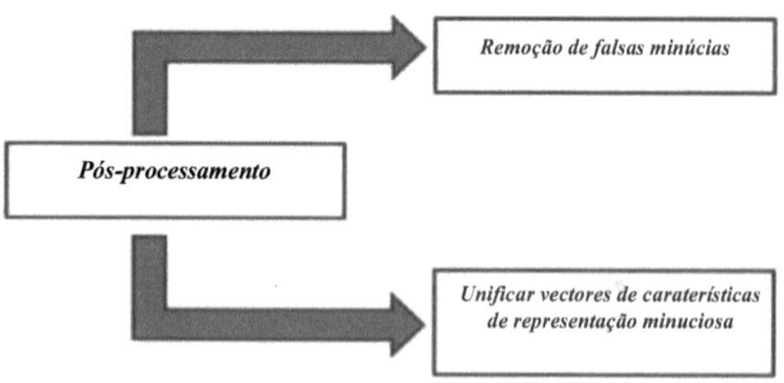


Figura 3.4 Responsabilidade da fase de pós-processamento.

### 3.1.4 Identificação

Ao contrário da verificação, este sistema é um processo de comparação de um para muitos e reconhece uma pessoa autêntica pesquisando todo o modelo de impressão digital de registo da base de dados, como se mostra em 3.1.

# Capítulo 4
## *Filtro de Gabor*

Um filtro de Gabor é um filtro linear cuja resposta ao impulso é definida por uma função harmónica multiplicada por uma função Gaussiana. Devido à propriedade da multiplicação-convolução (teorema da convolução), a transformada de Fourier da resposta ao impulso de um filtro de Gabor é a convolução da transformada de Fourier da função harmónica e da transformada de Fourier da função gaussiana.

O filtro de Gabor, nomeado em homenagem a Dennis Gabor, é um filtro linear utilizado tanto em ID como em 2D. Em ID, pode ser utilizado como um excelente filtro passa-banda para sinais unidimensionais (por exemplo, fala). Por outro lado, em 2D, um filtro de Gabor é amplamente utilizado em visão computacional, neurociência e psicofísica e, especialmente, no processamento de imagens para deteção de bordas e extração de caraterísticas de textura.

Neste capítulo, abordamos o filtro de Gabor e a sua aplicação tanto em ID como em 2D.

## 4.1  Contexto teórico
### 4.1.1  Filtro de Gabor 1D

Os filtros de Gabor podem servir como excelentes filtros passa-banda para sinais unidimensionais (por exemplo, fala). Um filtro de Gabor complexo é definido como o produto de um núcleo Gaussiano por uma sinusoide complexa, ou seja

$$g(t) = ke^{j\theta}\omega(at)s(t) \qquad (4.1)$$

onde

$$\omega(t) = e^{-\pi t^2} \qquad (4.2)$$

$$s(t) = e^{j(2\pi f t)} \qquad (4.3)$$

$$e^{j\theta}s(t)e^{j(2\pi f t+\theta)} = (\sin(2\pi f_0 t + \theta), j\cos(2\pi f_0 t + \theta) \qquad (4.4)$$

Aqui $k$, $Q$, $f$ são parâmetros do filtro. Podemos pensar no filtro de Gabor complexo como dois filtros fora de fase continuamente alocados na parte real e complexa de uma função complexa, a parte real contém o filtro.

$$g_r(t) = \omega(t)\sin(2\pi f_0 t + \theta) \qquad (4.5)$$

e a parte imaginária detém o filtro

$$g_i(t) = \omega(t)\cos(2\pi f_0 t + \theta) \qquad (4.6)$$

O sinal de entrada e saída associado à discussão acima é mostrado na figura 4.1

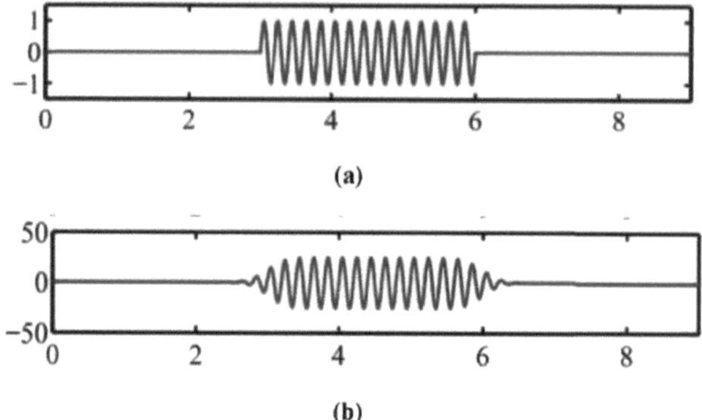

(a)

(b)

Figura 4.1 (a) Um sinal de entrada e (b) Saída do filtro de Gabor.

## 4.1.2  Filtro de Gabor 2D

Para o filtro de Gabor espacial (2D), a fórmula de uma função de Gabor complexa no domínio espacial é

$$g(x, y) = s(x, y)\omega_r(x, y) \tag{4.7}$$

em *que(x, y)* é uma sinusoide complexa, conhecida como portadora, e $a_r$ *(x, y)* é uma função 2D de forma gaussiana, conhecida como envelope.

A sinusoide complexa é definida da seguinte forma,

$$s(x, y) = \exp(j(2\pi(u_0 x + v_0 y) + P)) \tag{4.8}$$

em que $u_0$, $v_0$ e *P* definem a frequência espacial e a fase da sinusoide, respetivamente.

A parte real e a parte imaginária desta sinusoide são

$$\mathrm{Re}(s(x, y)) = \cos(2\pi(u_0 x + v_0 y) + P)) \tag{4.9}$$

$$\mathrm{Im}(s(x, y)) = \sin(2\pi(u_0 x + v_0 y) + P)) \tag{4.10}$$

Os parâmetros $u_0$ e $v_0$ definem a frequência espacial da sinusoide em coordenadas

cartesianas. Esta frequência espacial também pode ser expressa em coordenadas polares

como magnitude F e direção ®: ₀

$$F_0 = \sqrt{(u_0^2 + v_0^2)} \tag{4.11}$$

$$\omega_0 = \tan^{-1}\left(\frac{u_0}{v_0}\right) \tag{4.12}$$

ou seja

$$u_0 = F_0 \cos \omega_0$$

$$v_0 = F_0 \sin \omega_0 \tag{4.13}$$

Usando esta representação, a sinusoide complexa é

$$s(x,y) = \exp(j(2\pi F_0(x\cos\omega_0 + y\sin\omega_0) + p)) \tag{4.14}$$

O envelope Gaussiano tem o seguinte aspeto:

$$\omega_r(x,y) = K\exp(-\pi(a^2(x-x_0)_r^2 + b^2(y-y_0)_r^2)) \tag{4.15}$$

em que $(x_o, y_o)$ é o pico da função, *a* e *b* são parâmetros de escala da Gaussiana e o subscrito *r* representa uma operação de rotação tal que

$$(x-x_0)_r = (x-x_0)\cos\theta + (y-y_0)\sin\theta$$

$$(y-y_0)_r = -(x-x_0)\sin\theta + (y-y_0)\cos\theta \tag{4.16}$$

## 4.1.2.1 A função de Gabor complexa

A função de Gabor complexa é definida pelos seguintes parâmetros;

$K$ = escala a magnitude do envelope Gaussiano,
(a, b) = escalar os dois eixos da envolvente gaussiana,
$\theta$ = ângulo de rotação da envolvente gaussiana,
($x_0$, $y_0$) = localização do pico da envolvente gaussiana,
($u_0$, $v_0$) = frequências espaciais da portadora sinusoidal em coornadas certesianas.
Também pode ser expressa em coordenadas polares como $(F_0, \omega_0)$
P = fase da portadora sinusoidal.

Cada Gabor complexo consiste em duas funções em quadratura (fora de fase em $90^0$),

convenientemente localizadas nas partes real e imaginária de uma função complexa.

Agora temos a função de Gabor complexa no domínio espacial:

$$g(x,y) = K\exp(-\pi(a^2(x-x_0)_r^2 + b^2(y-y_0)_r^2))\exp(j(2\pi(u_0x + v_0y) + P)) \tag{4.17}$$

Ou em coordenadas polares,

$$g(x,y) = K\exp(-\pi(a^2(x-x_0)_r^2 + b^2(y-y_0)_r^2))\exp(j(2\pi F_0(x\cos\omega_0 + y\sin\omega_0) + P)) \tag{4.18}$$

## 4.1.2.2 Explicação dos parâmetros

Na nossa implementação, o filtro de Gabor é utilizado para melhorar a imagem da

impressão digital de entrada através da

função de Gabor 2D seguinte:

$$g(x,y;\lambda,\theta,\psi,\sigma,\gamma) = \exp(-\frac{x'^2 + \gamma^2 y'^2}{2\sigma^2})\cos(2\pi\frac{x'}{\lambda} + \psi) \tag{4.19}$$

onde,

$\lambda$ = comprimento de onda ($\lambda >= 2$)
$\theta$ = ângulo em rad.
$\gamma$ = rácio de aspeto e especifica a elipticidade da função gaussiana
$\psi$ = mudança de fase
$\sigma$ = desvio padrão do envelope gaussiano.

$$x' = x\cos\theta + y\sin\theta$$
$$y' = -x\sin\theta + y\cos\theta$$

Assim, a função de Gabor, $gb$ é,

$$gb = \exp(-\frac{x'^2}{2\sigma^2} - \frac{\gamma^2 y'^2}{2\sigma^2})\cos(2\pi\frac{x'}{\lambda} + \psi)$$

$$\therefore gb = \exp\{-\frac{1}{2}[\frac{x'^2}{\sigma^2} + \frac{y'^2}{\frac{\sigma^2}{\gamma^2}}]\}\cos(2\pi\frac{x'}{\lambda} + \psi) \tag{4.20}$$

Tomando, $\sigma_x = \sigma$ e $\sigma_y = (\frac{\sigma}{\gamma})$, a equação (4.20) é a seguinte,

$$gb = \exp\{-\frac{1}{2}[\frac{x'^2}{\sigma_x^2} + \frac{y'^2}{\sigma_y^2}]\}\cos(2\pi f x' + \psi) \tag{4.21}$$

Para um desvio de fase zero,

$$gb = \exp\{-\frac{1}{2}[\frac{x'^2}{\sigma_x^2} + \frac{y'^2}{\sigma_y^2}]\}\cos(2\pi f x') \tag{4.22}$$

Todos os parâmetros associados à função de Gabor são explicados de seguida:

## Comprimento de onda $(\lambda)$

Este é o comprimento de onda do fator cosseno do núcleo do filtro de Gabor e, portanto, o comprimento de onda preferido deste filtro. O seu valor é especificado em pixéis. Os valores válidos são números reais iguais ou superiores a 2. O valor $\lambda=2$ não deve ser utilizado em combinação com o desvio de fase $\varphi=-90^0$ or $\varphi=90^0$ porque, nestes casos, o filtro de Gabor
é amostrada nos seus cruzamentos de zero (ver figura 4.2).

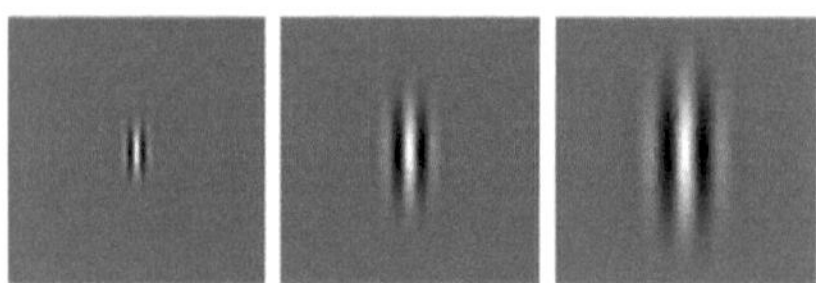

Figura 4.2 As imagens (de tamanho 100 x 100) mostram núcleos de filtro de Gabor com valores do parâmetro de comprimento de onda de 5, 10 e 15, da esquerda para a direita, respetivamente. Os valores dos outros parâmetros são os seguintes: orientação 0, desvio de fase 0, rácio de aspeto 0,5 e largura de banda 1.

## Orientação(ões) (0)

Este parâmetro especifica a orientação da normal às riscas paralelas de uma função de Gabor. O seu valor é especificado em graus. Os valores válidos são números reais entre $O^0$ e 360°, como mostrado na figura 4.3.

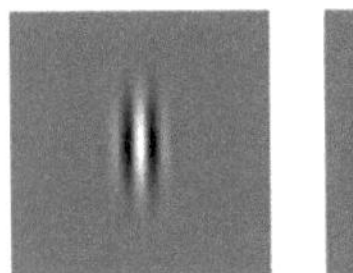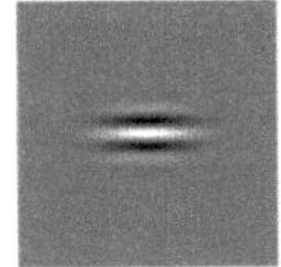

Figura 4.3 As imagens mostram os **núcleos do filtro de** Gabor com valores do parâmetro de orientação de 0°, 45° e 90°, da esquerda para a direita.

Para uma única **convolução**, introduzir um **valor de** orientação e definir o valor do último parâmetro no **bloco "número de** orientações" para **1. Se** "número **de** orientações" for definido para um **valor** inteiro **N, N >= 1, então** serão calculadas N convoluções. **As** orientações das funções de Gabor correspondentes **são** distribuídas equidistantemente entre 0° e 360° em incrementos de 360/N, a partir do valor especificado em "orientation(s)".

## Desvio de fase (9)

O desvio de fase $\varphi$ no argumento **do fator** cosseno da função de Gabor é especificado em graus. Os valores válidos são números reais entre -180° e 180°, como se mostra na figura 4.4. Os valores 0° e 180° correspondem a funções **centro-simétricas** 'center-on' e 'center-off', respetivamente, enquanto que -90° e 90° correspondem a funções anti-simétricas. Todos os outros casos **correspondem** a funções **assimétricas**.

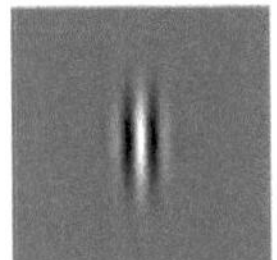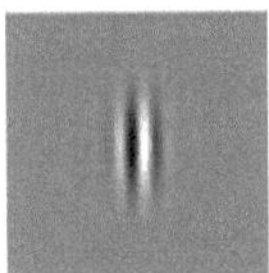

Figura 4.4 As imagens (de tamanho 100 x 100) mostram núcleos de filtro de Gabor com valores do parâmetro de desvio de fase de 0°, 180° e 90°, da esquerda para a direita, respetivamente. Os valores dos outros parâmetros são os seguintes: comprimento de onda 10, orientação 0, rácio de aspeto 0,5 e largura de banda 1.

Se for especificado um único valor, será calculada uma convolução por orientação. Se for fornecida uma lista de valores (por exemplo, 0° ,90° que é a predefinição), serão calculadas várias convoluções por orientação, uma para cada valor na lista de desvios de fase.

## Rácio de aspeto (y)

Este parâmetro, designado mais precisamente por rácio de aspeto espacial, especifica a elipticidade do suporte da função de Gabor. Para $\gamma = 1$, o suporte é circular. Para $\gamma < 1$ o suporte é alongado na orientação das riscas paralelas da função. O valor por defeito é $\gamma = 0.5$, , como se mostra na figura 4.5.

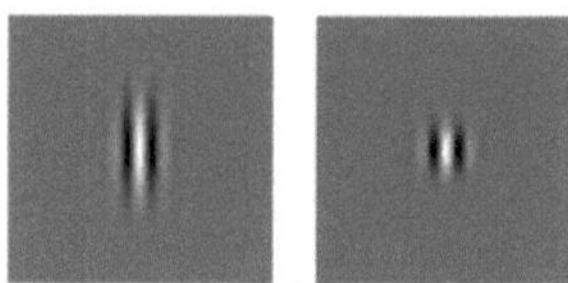

Figura 4.5 As imagens (de tamanho 100 x 100) mostram núcleos de filtro de Gabor com valores do parâmetro de rácio de aspeto de 0,5 e 1, da esquerda para a direita, respetivamente. Os valores dos outros parâmetros são os seguintes: comprimento de onda 10, orientação 0, desvio de fase 0 e largura de banda 1.

## Largura de banda (*b*)

A largura de banda de frequência espacial de meia resposta *b* (em oitavas) de um filtro de Gabor está relacionada com o rácio $\sigma / \lambda$, onde o e$\lambda$ são o desvio padrão do fator Gaussiano da função de Gabor e o comprimento de onda preferido, respetivamente, como se segue:

$$b = \log_2 \frac{\dfrac{\sigma}{\lambda}\pi + \sqrt{\dfrac{\ln 2}{2}}}{\dfrac{\sigma}{\lambda}\pi - \sqrt{\dfrac{\ln 2}{2}}}$$

$$\therefore \frac{\sigma}{\lambda} = \frac{1}{\pi}\sqrt{(\frac{\ln 2}{2})}.\frac{2^b + 1}{2^b - 1}$$

$$(4.22)$$

O valor de$\sigma$ não pode ser especificado diretamente. Só pode ser alterado através da largura de banda *b*. O valor da largura de banda deve ser especificado como um número real positivo. A predefinição é 1, caso em que $\sigma$ e$\lambda$ são ligados da seguinte forma: $\sigma = 0.56\ \lambda$. O mais pequeno
a largura de banda, o maior o, o suporte da função de Gabor e o número de zonas paralelas visíveis de bandas excitatórias e inibitórias (ver figura 4.6).

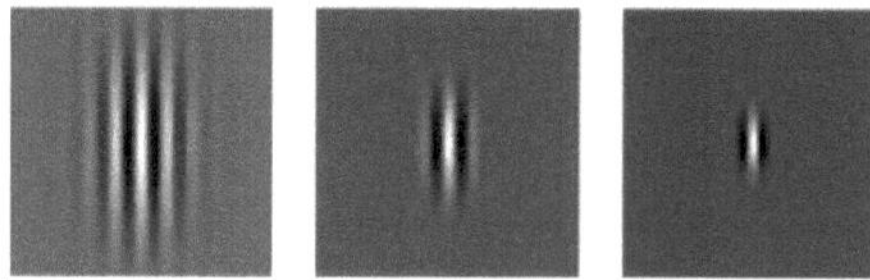

Figura 4.6 As imagens (de tamanho 100 x 100) mostram núcleos de filtro de Gabor com valores do parâmetro de largura de banda de 0,5, 1 e 2, da esquerda para a direita, respetivamente. Os valores dos outros parâmetros são os seguintes: comprimento de onda 10, orientação 0, desvio de fase 0 e rácio de aspeto 0,5.

## Número de orientações

O valor predefinido é 1. Se for especificado um valor inteiro N, N >= 1, então serão calculadas N convoluções. As orientações das funções de Gabor correspondentes são distribuídas equidistantemente entre $0^0$ e $360^0$, com incrementos de 360/N, a partir do valor especificado em "orientation(s)". Para que esta opção funcione, deve ser especificado um único valor (sem a presença de uma vírgula) para o parâmetro "orientation(s)".

# Capítulo 5
## *Implementação do sistema*

No algoritmo proposto para o sistema de reconhecimento de impressões digitais baseado em minúcias, o filtro de Gabor é utilizado para melhorar a imagem. O diagrama de blocos correspondente é apresentado na figura 5.1.

| | |
|---|---|
| Carregar imagem | |
| | |
| Filtro de Gabor | |
| | |
| Binarização | Pré-processamento |
| | |
| Direção | |
| | |
| Região de interesse | |
| | |
| Desbaste | |
| | |
| Remover as pausas H | Extração de minúcias |
| | |
| Remover espigões | |
| | |
| Marcação de minúcias | |
| | |
| Extrair as verdadeiras minúcias | J Pós-processamento |
| | |
| Guardar , | |
| | |
| Jogo | Identificação |

Figura 5.1 Diagrama de blocos do sistema implementado.

## 5.1 Pré-processamento de imagens de impressões digitais

### 5.1.1 Realce por filtro de Gabor

Uma onda plana sinusoidal está a modular um filtro de Gabor 2D, que é uma função de núcleo gaussiano no domínio espacial. A partir de uma wavelet principal, todos os filtros podem ser gerados por dilatação e rotação, pelo que os filtros de Gabor são auto-similares. Com oito orientações diferentes do filtro de Gabor, as caraterísticas da impressão digital são extraídas e combinadas.

$$gb = \exp\{-\frac{1}{2}[\frac{x'^2}{\sigma_x^2} + \frac{y'^2}{\sigma_y^2}]\}\cos(2\pi f x') \qquad (5.1)$$

em que $f$ representa a frequência da crista e a escolha de $\delta_x{}^2$ e $^\wedge\!/d$ determina a forma do envelope do filtro e também a relação entre o melhoramento e os artefactos espúrios. Esta é, de longe, a abordagem mais popular para o melhoramento de impressões digitais e a imagem de entrada e saída do filtro é mostrada nas figuras 5.2(a) e 5.2(b), respetivamente.

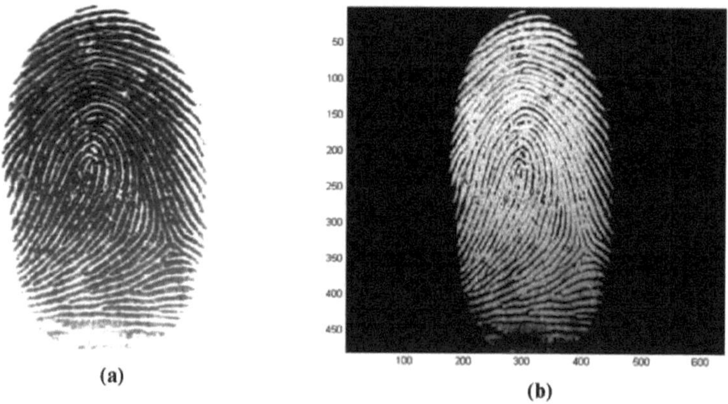

**(a)**

**(b)**

Figura 5.2 (a) Imagem de entrada e (b) Saída do filtro de Gabor.

## 5.1.2 Binarização

O passo de binarização está basicamente a dizer o óbvio, que é o facto de a verdadeira informação que pode ser extraída de uma impressão ser simplesmente binária; cristas vs. vales. Mas é um passo realmente importante no processo de extração de cristas, uma vez que as impressões são obtidas como imagens em escala de cinzentos, pelo que as cristas, sabendo que são de facto cristas, continuam a variar em intensidade. Assim, a binarização transforma a imagem de uma imagem de 256 níveis para uma imagem de 2 níveis que fornece a mesma informação. Normalmente, um pixel de objeto recebe um valor de "1", enquanto um pixel de fundo recebe um valor de "0". A dificuldade em efetuar a binarização reside no facto de nem todas as imagens de impressões digitais terem as mesmas caraterísticas de contraste, pelo que não é possível escolher um único limiar de intensidade (limiar global).

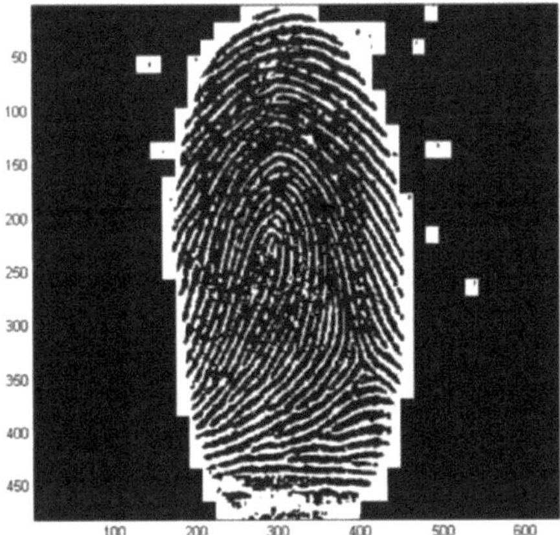
Figura 5.3 Imagem binarizada localmente adaptável.

É efectuado um método de binarização localmente adaptável para binarizar a imagem da impressão digital. Neste método, a imagem é dividida em blocos (16x16) e o valor médio de intensidade é calculado para cada bloco. Em seguida, cada pixel é transformado em 1 se o seu valor de intensidade for superior ao valor médio de intensidade do bloco atual a que o pixel pertence. (Ver figura 5.3)

## 5.1.3 Segmentação

Em geral, apenas uma região de interesse (ROI) é útil para ser reconhecida em cada imagem de impressão digital. A área da imagem sem sulcos efectivos é primeiro descartada, uma vez que apenas contém informação de fundo e provavelmente ruído. Em seguida, o limite da área efectiva remanescente é esboçado, uma vez que as minúcias na região delimitada são confundidas com as falsas minúcias que são geradas quando as cristas estão fora do sensor.

Para extrair a ROI, é utilizado um método em duas etapas. O primeiro passo é a estimativa da direção do bloco e a verificação da variedade de direcções, enquanto o segundo é feito utilizando alguns métodos morfológicos.

## 5.1.3.1 Direção do bloco

A estimativa da direção do bloco deve ser seguida de duas etapas principais:

1.1 Estimar a direção do bloco para cada bloco da imagem da impressão digital com o tamanho WxWin (W é 16 pixels por defeito). O algoritmo faz o seguinte:

I. Calcula os valores de gradiente ao longo da direção x ($g_x$) e da direção y ($g_y$) para cada pixel do bloco. São utilizados dois filtros Sobel para cumprir esta tarefa.

II. Para cada bloco, utiliza a seguinte fórmula para obter a aproximação por mínimos quadrados da direção do bloco.

$$\tan 2\beta = 2\sum\sum (g_x * g_y)/\sum\sum (g_x^2 - g_y^2) \text{ for all the pixels in each block.} \quad (5.2)$$

A fórmula é fácil de compreender, considerando os valores de gradiente ao longo da direção x e da direção y como valores de cosseno e de seno. Assim, o valor da tangente da direção do bloco é estimado quase da mesma forma que a ilustrada na fórmula seguinte:

$$\tan 2\theta = 2\sin\theta\cos\theta /(\cos^2\theta - \sin^2\theta) \quad\quad\quad (5.3)$$

1.2 Após terminar a estimativa da direção de cada bloco, os blocos sem informação significativa (cristas) são descartados com base nas seguintes fórmulas:

$$E = \{2\sum\sum (g_x * g_y) + \sum\sum (g_x^2 - g_y^2)\}/W * W * \sum\sum (g_x^2 + g_y^2) \quad (5.4)$$

Para cada bloco, se o seu nível de certeza (E) for inferior a um limiar, então o bloco é considerado como um bloco de fundo. O mapa de direcções é apresentado na figura 5.4

Figura 5.4 Estimativa **da direção do bloco.**

## 5.1.3.2 Região de interesse (ROI)

São adoptadas duas operações morfológicas denominadas "OPEN" e **"CLOSE"**. A operação "OPEN" pode expandir as imagens e remover **os picos** introduzidos pelo ruído de fundo. A operação **"CLOSE"** pode encolher **as imagens** e eliminar pequenas cavidades, como mostra a figura 5.5.

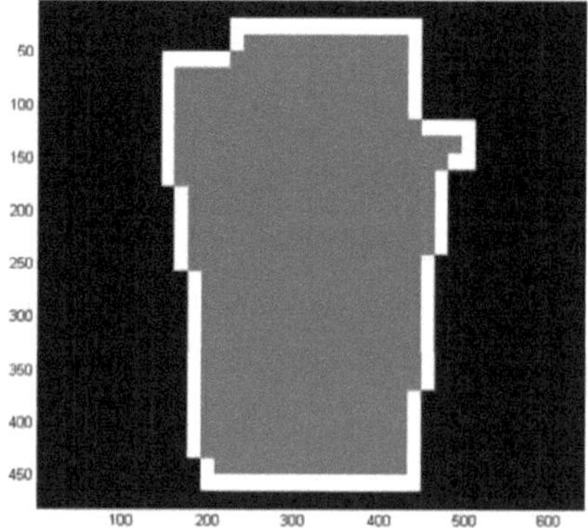

Figura 5.5 Região de interesse.

## 5.2 Extração de minúcias
### 5.2.1 Desbaste de cristas

O Ridge Thinning é utilizado para eliminar os pixels redundantes das cristas até que estas tenham apenas um pixel de largura, como mostra a figura 5.6 (a). É utilizado um algoritmo de afinamento iterativo e paralelo. Em cada varrimento da imagem completa da impressão digital, o algoritmo marca os pixels redundantes em cada pequena janela da imagem (3x3) e, finalmente, remove todos esses pixels marcados após vários varrimentos. O mapa de cristas diluído é depois filtrado por outras operações morfológicas para remover algumas quebras de H (ver figura 5.6(b)), pontos isolados e picos (ver figura 5.6(c)). Nesta etapa, quaisquer pontos isolados, quer se trate de cristas de um ponto ou de quebras de um ponto numa crista, são eliminados e considerados ruído de processamento.

### 5.2.2 Marcação de minúcias

Após o desbaste da crista da impressão digital, a marcação dos pontos de minúcias (ver figura 5.8) é relativamente fácil. O conceito de Crossing Number (CN) é amplamente utilizado para extrair as minúcias.

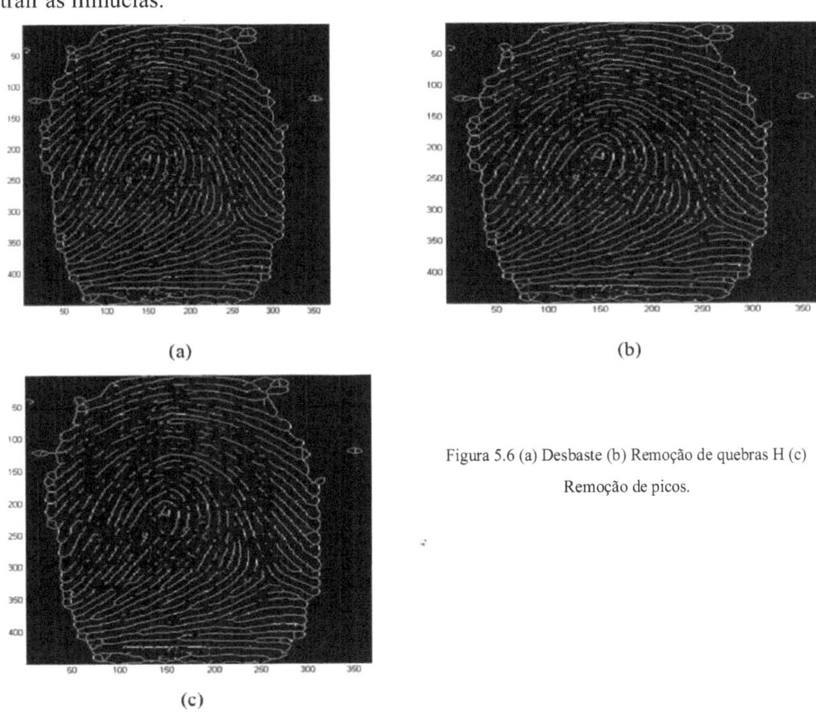

(a)

(b)

(c)

Figura 5.6 (a) Desbaste (b) Remoção de quebras H (c) Remoção de picos.

Em geral, para cada janela 3x3, se o pixel central for 1 e tiver exatamente 3 vizinhos com um valor, então o pixel central é um ramo de crista (Figura 5.7 (a)).

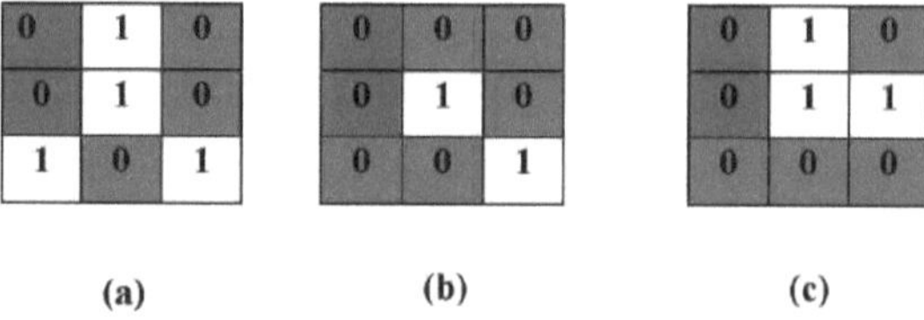

(a)        (b)        (c)

Figura 5.7 (a) Bifurcação (b) Terminação (c) Ramo triplo contado.

Se o pixel central for 1 e tiver apenas 1 vizinho de valor único, então o pixel central é uma extremidade de crista (Figura 5.7(b)), ou seja, para um pixel P, se $Cn(P) = = 1$ é uma extremidade de crista e se $Cn(P) = = 3$ é um ponto de bifurcação de crista.

A Figura 5.7(c) ilustra um caso especial em que um ramo genuíno é triplamente contado. Suponhamos que tanto o pixel mais acima com valor 1 como o pixel mais à direita com valor 1 têm outro vizinho fora da janela 3x3, pelo que os dois pixéis também serão marcados como ramos, mas na realidade apenas um ramo está localizado na pequena região. Assim, é adicionada uma rotina de verificação que exige que nenhum dos vizinhos de um ramo seja um ramo.

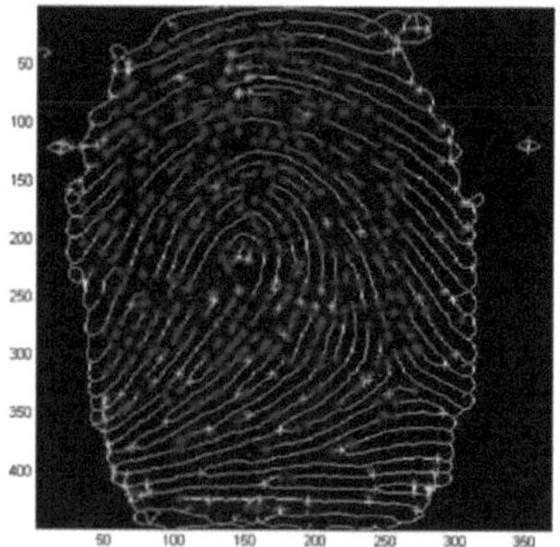

Figura 5.8 Marcação de minúcias.

Também a largura média inter-cordilheira D é estimada nesta fase. A largura média entre cristas refere-se à distância média entre duas cristas vizinhas. A forma de aproximar o valor D é simples. Examinar uma linha da imagem da crista diluída e somar todos os pixels da linha cujos valores são um. De seguida, divida o comprimento da linha pelo somatório acima referido para obter uma largura entre cristas. Para maior precisão, este tipo de varrimento de linha é efectuado em várias outras linhas e os varrimentos de coluna são também conduzida, finalmente é calculada a média de todas as larguras entre as cristas para obter o D. Juntamente com a marcação minuciosa, todas as cristas diluídas na imagem da impressão digital são identificadas com um ID único para operações posteriores.

## 5.3 Pós-processamento
### 5.3.1 Remoção de falsas minúcias

A fase de pré-processamento não corrige normalmente a imagem da impressão digital na sua totalidade. Por exemplo, as falsas quebras de cristas devidas a uma quantidade insuficiente de tinta e as ligações cruzadas de cristas devidas a um excesso de tinta não são totalmente eliminadas. Na verdade, todas as fases anteriores introduzem ocasionalmente alguns artefactos que mais tarde dão origem a minúcias espúrias. Estas falsas minúcias afectarão significativamente a precisão da concordância se forem simplesmente consideradas como minúcias genuínas. Assim, são essenciais alguns mecanismos de remoção de falsas minúcias para manter a eficácia do sistema de verificação de impressões digitais. Os sete tipos de falsas minúcias são especificados nos diagramas seguintes:

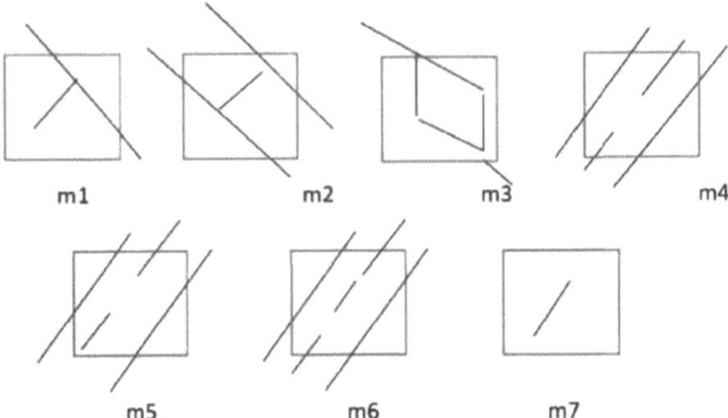

Figura 5.9 Tipos de falsas minúcias.

O procedimento para a remoção de falsas minúcias consiste nos seguintes passos: 1. Se a distância entre uma bifurcação e uma terminação for inferior a D e a

duas minúcias estão na mesma crista (caso ml). Remover ambas. Onde D é a largura média entre cristas, que representa a distância média entre duas cristas vizinhas paralelas.

2. Se a distância entre duas bifurcações for inferior a D e estas se encontrarem na mesma crista, eliminar as duas bifurcações. (casos m2, m3).

3. Se duas terminações estiverem a uma distância D e as suas direcções forem coincidentes com uma pequena variação angular. E é suficiente a condição de que nenhuma outra terminação esteja localizada entre as duas terminações.

Em seguida, as duas terminações são consideradas como falsas minúcias derivadas de uma crista partida e são removidas. (Casos m4, m5 e m6).

4. Se duas terminações estiverem localizadas numa crista curta com comprimento inferior a D, remova as duas terminações (m7).

Este procedimento de remoção de falsas minúcias tem duas vantagens. A primeira é que a identificação da crista é utilizada para distinguir a minúcia e os sete tipos de falsa minúcia são estritamente definidos. A segunda vantagem é que a ordem dos procedimentos de remoção é bem considerada para reduzir a complexidade do cálculo, uma vez que utiliza as relações entre os tipos de falsas minúcias. Por exemplo, o procedimento 3 resolve os casos m4, m5 e m6 numa única rotina de verificação. E após o procedimento 3, o número de falsas minúcias que satisfazem o caso m7 é significativamente reduzido, como mostra a figura 5.10.

## 5.3.2 Unificar vectores de caraterísticas de representação minuciosa

Uma vez que várias condições de aquisição de dados, como a pressão de impressão, podem facilmente transformar um tipo de minúcia noutro, a maioria dos investigadores adopta a representação unificada para a terminação e a bifurcação. Assim, cada minúcia é completamente caracterizada pelos seguintes parâmetros: 1) coordenada x, 2) coordenada y e 3) orientação.

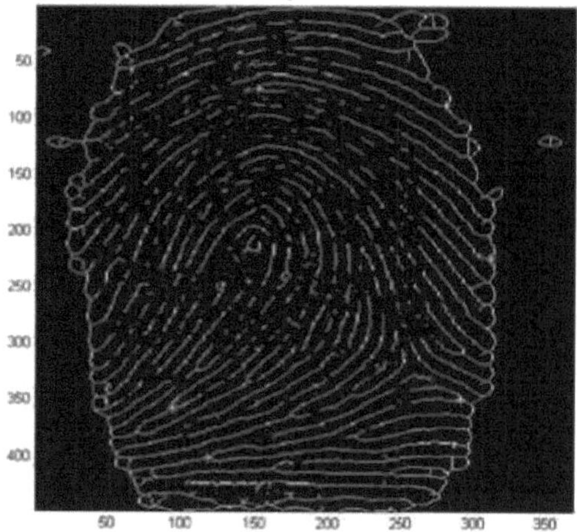
Figura 5.10 Remoção de falsas minúcias.

Para uma bifurcação, o cálculo da orientação tem de ser especialmente considerado. A partir do ponto de bifurcação, as três cristas derivam a sua própria direção (ver figura 5.11).

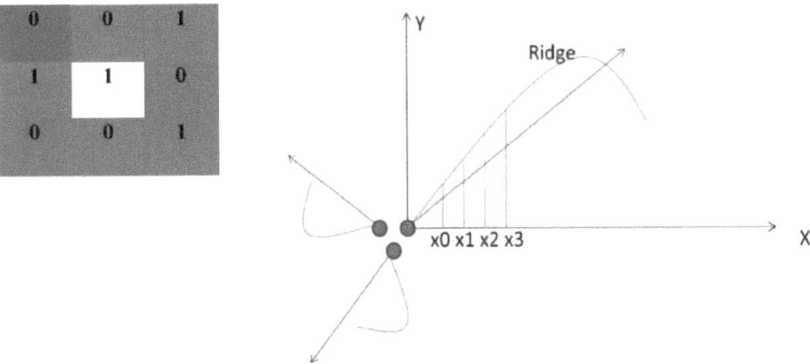


Figura 5.11 Bifurcação para três terminações em que três vizinhos se tornam terminações mostradas no lado esquerdo e cada terminação tem a sua própria orientação são mostradas no lado direito.

E a orientação de cada terminação ($t_x$, $t_y$ ) é estimada pelo método seguinte:

Um segmento de cumeada é traçado cujo ponto de partida é a terminação e o comprimento é D. Soma todas as coordenadas x dos pontos no segmento de cumeada. Dividir o somatório acima por D para obter . De seguida, obtenha $s_y$ utilizando o mesmo método. Obter a direção de:

$$a\tan((s_y - t_y)/(s_x - t_x)) \tag{5.5}$$

## 5.4 Identificação das impressões digitais

Dado dois conjuntos de minúcias de duas imagens de impressões digitais, o algoritmo de correspondência de minúcias determina se os dois conjuntos de minúcias são do mesmo dedo ou não.

### 5.4.1 Fase de alinhamento

Dadas duas imagens de impressões digitais a comparar, escolher de cada imagem uma minúcia qualquer; calcular a semelhança das duas cristas associadas aos dois pontos de minúcia referenciados. Se a semelhança for superior a um limiar, transformar cada conjunto de minúcias num novo sistema de coordenação cuja origem se situa no ponto de referência e cujo eixo x coincide com a direção do ponto de referência, do seguinte modo

1. A crista associada a cada minúcia é representada como uma série de coordenadas x (x1, x2... xn) dos pontos da crista. É recolhida uma amostra de um ponto por cada comprimento de crista L a partir do ponto de minúcia, em que L é o comprimento médio entre cristas. E n é definido como 10, exceto se o comprimento total da crista for inferior a 10*L.

Assim, a semelhança de correlacionar as duas cristas é derivada de:

$$S = \sum_{i=0}^{m} x_i X_i / \sqrt{\sum_{i=0}^{m}[x_i^2 X_i^2]} \qquad (5.6)$$

em que $(x_t - x_n)$ e $(X_t - XN)$ são o conjunto de minúcias para cada imagem de impressão digital, respetivamente. E m é o valor mínimo de n e N. Se a pontuação de semelhança for superior a 0,8, passa-se ao passo 2; caso contrário, continua-se a fazer corresponder o próximo par de cristas.

2.  Para cada impressão digital, traduzir e rodar todas as outras minúcias em relação à minúcia de referência, de acordo com a seguinte fórmula

$$\begin{pmatrix} xi\_new \\ yi\_new \\ \theta i\_new \end{pmatrix} = TM * \begin{bmatrix} xi - x \\ yi - y \\ \theta i - \theta \end{bmatrix} \qquad (5.7)$$

em que $(x, y \text{ e } \theta)$ são os parâmetros da minúcia de referência, e TM é

$$TM = \begin{pmatrix} \cos\theta & -\sin\theta & 0 \\ \sin\theta & \cos\theta & 0 \\ 0 & 0 & 1 \end{pmatrix} \qquad (5.8)$$

O diagrama seguinte ilustra o efeito da translação e da rotação

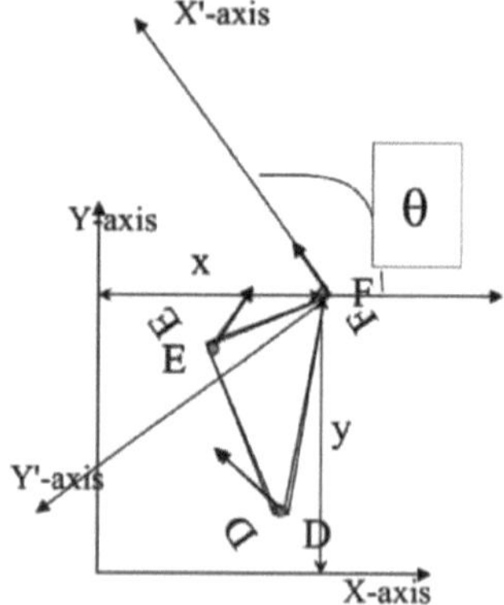


Figura 5.12 Diagrama para a ilustração do efeito da translação e da rotação.

O novo sistema de coordenadas tem origem na minúcia F e o novo eixo x coincide com a direção da minúcia F. Não é tido em conta qualquer efeito de escala, assumindo que duas impressões digitais do mesmo dedo têm praticamente o mesmo tamanho.

## 5.4.2 Fase do jogo

O algoritmo de correspondência para os padrões de minúcias alinhados tem de ser elástico, uma vez que a correspondência rigorosa que exige que todos os parâmetros (x, y, 0) sejam os mesmos para duas minúcias idênticas é impossível devido às ligeiras deformações e à quantização exacta das minúcias. A correspondência elástica das minúcias é conseguida colocando uma caixa delimitadora em torno de cada modelo de minúcia. Se as minúcias a fazer corresponder estiverem dentro da caixa retangular e a discrepância de direção entre elas for muito pequena, então as duas minúcias são consideradas como um par de minúcias correspondido. Cada minúcia na imagem modelo ou não tem nenhuma minúcia correspondente ou tem apenas uma minúcia correspondente. O rácio de correspondência final para duas impressões digitais é o número total de pares correspondentes sobre o número de minúcias da impressão digital modelo. A pontuação é dada por

$$\text{Pontuação} = 100*\text{relação} \tag{5,9}$$

e varia de 0 a 100. Se a pontuação for superior a um limiar pré-especificado, as duas impressões digitais são do mesmo dedo. No entanto, o algoritmo de correspondência elástica tem uma grande complexidade de cálculo e é vulnerável a minúcias espúrias.

# Capítulo 6
## *Avaliação do sistema*
### 6.1 Base de dados de impressões digitais

Para testar a validade da nossa aplicação, utilizámos a base de dados de imagens de impressões digitais FVC2000 (Fingerprint Verification Competition 2000)DBl_B[26]. A base de dados contém imagens de 10 dedos diferentes, com 8 versões para cada dedo, num total de 80 imagens. A imagem da impressão digital é designada pelo formato XXX_Y.tif, em que XXX e Y representam, respetivamente, a identificação da pessoa e a impressão digital. Esta base de dados foi recolhida utilizando dois sensores de pequena dimensão e baixo custo, como o ótico e o capacitivo, respetivamente. As imagens utilizadas eram imagens em linha com uma qualidade razoavelmente boa[26]. A maioria das partes da maioria das imagens de impressões digitais eram recuperáveis e não produziam demasiadas minúcias espúrias após o melhoramento e o desbaste.

| Base de dados | Tipo de sensor | Tamanho da imagem | Número de imagens | Resoluções |
|---|---|---|---|---|
| DB1_B | Baixo custo Sensor ótico | 640x480 | 10x8 | 500 dpi |

Quadro 6.1 Base de dados DB1_B do FVC 2000.

### 6.2 Índices de avaliação para o reconhecimento de impressões digitais

A pontuação de concordância "s" é definida como o resultado de uma comparação no combinador de caraterísticas num sistema de reconhecimento de imagens de impressões digitais. Mede a semelhança entre a imagem da impressão digital e o modelo armazenado. Quanto mais "s" se aproximar de 1, se normalizado entre o intervalo [0, 1], mais provável será que ambas as impressões digitais sejam do mesmo dedo. Por outro lado, se "s" estiver próximo de 0, é muito provável que ambas as impressões digitais sejam de dedos diferentes. A decisão do sistema é determinada pelo limiar T, ou seja, se "s" ultrapassar o limiar, a impressão digital é considerada como sendo do mesmo dedo, o que significa um par correspondente. Se "s" for inferior ao limiar, considera-se que as impressões digitais são diferentes, ou seja, um par não correspondente. Neste contexto, o sistema de reconhecimento pode tomar duas decisões incorrectas, ou seja, dois tipos de erros. Uma é a FRR (taxa de falsa rejeição) e a outra é a FAR (taxa de falsa aceitação).

❖ **Taxa de falsa aceitação (FAR)**

A FAR é a frequência com que uma pessoa não autorizada é aceite como autorizada. Uma vez que uma falsa aceitação pode muitas vezes levar a danos, o FAR é geralmente uma medida relevante para a segurança. A FAR é uma quantidade estatística não estacionária que não mostra apenas uma correlação pessoal, mas pode até ser determinada para cada caraterística biométrica individual (chamada FAR pessoal). Por conseguinte, a FAR é a probabilidade de um sistema biométrico reconhecer falsamente caraterísticas diferentes como idênticas, deixando assim de rejeitar, por exemplo, um potencial intruso.

A FAR é definida como

$$FAR = \frac{\text{No. of comparisons of different fingers resulting in a match}}{\textit{Total} \text{ no. of comparisons of different fingers}}$$

❖ **Taxa de falsa rejeição (FRR)**

A FRR é a frequência com que uma pessoa autorizada vê o seu acesso recusado. A FRR é geralmente considerada como um critério de conforto, porque uma falsa rejeição é, acima de tudo, incómoda. A FRR é uma grandeza estatística não estacionária que não só apresenta uma forte correlação pessoal, como também pode ser determinada para cada caraterística biométrica individual (denominada FRR pessoal). Por conseguinte, a FRR é a probabilidade de um sistema biométrico rejeitar falsamente as mesmas caraterísticas como não idênticas, não sendo assim aceites.

A FRR é definida como

$$FAR = \frac{\text{No. of comparisons of same fingers resulting in a non - match}}{\text{Total no. of comparisons of same fingers}}$$

❖ **Taxa de erro igual (EER)**

Na prática, as densidades de probabilidade são funções discretas. Por conseguinte, o EER não pode ser determinado com exatidão. Em contrapartida, pode ser estabelecido um intervalo de EER em que as taxas de erro são iguais. Consequentemente, se o limiar T do sistema for fixado em conformidade, o mesmo número de pessoas é falsamente aceite e falsamente rejeitado. Além disso, dependendo da aplicação, pode ser útil fixar o limiar T de modo a gerar taxas de erro diferentes. O EER de um sistema pode ser utilizado para dar uma medida de desempenho independente do limiar. Quanto mais baixo for o EER, melhor é o desempenho do sistema, uma vez que a taxa de erro total, que é a soma da FAR e da FRR no ponto do EER, diminui.

Em teoria, isto funciona bem, se o EER do sistema for calculado utilizando um conjunto de ensaios infinito e representativo, o que, obviamente, não é possível em condições reais. Para obter resultados comparáveis, é, por conseguinte, necessário que os EER que são comparados sejam calculados com base nos mesmos dados de ensaio, utilizando o mesmo protocolo de ensaio.

## 6.3 Resultados experimentais
### 6.3.1 Implementação com filtro de Gabor

Já foi referido que a base de dados de impressões digitais FVC2000 (Fingerprint Verification Competition 2000) é utilizada para testar o desempenho do sistema. Todas as imagens são testadas sem qualquer afinação da base de dados. Verificou-se que o sistema desenvolvido consegue distinguir pares de minúcias impostores de pares de minúcias genuínos com um certo nível de confiança.

❖ **FAR e FRR**

A taxa de falsa aceitação e a taxa de falsa rejeição foram calculadas e os resultados são apresentados na tabela 6.2 e a curva correspondente é apresentada na figura 6.1.

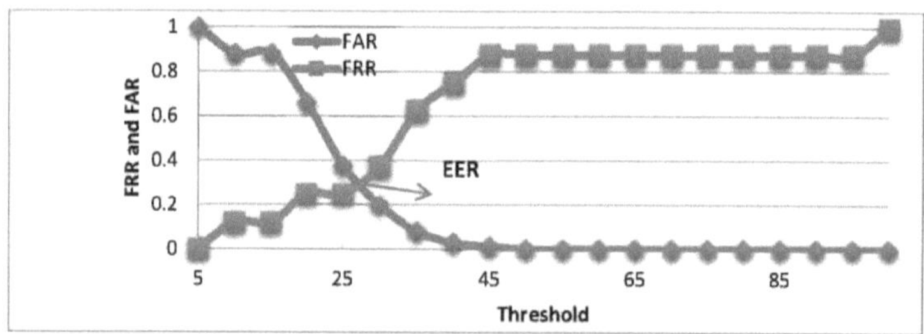


Figura 6.1 Curva FAR e FRR com valores de limiar de 5-100.

A Tabela 6.2 mostra os resultados da Taxa de Falsa Aceitação (FAR) e da Taxa de Falsa Rejeição (FRR) em valores de limiar de 5-100, quando se utilizam 60 dedos iguais e 60 dedos diferentes da base de dados FVC2000. A Figura 6.1 mostra a curva da Taxa de Falsa Aceitação (FAR) e da Taxa de Falsa Rejeição (FRR). Se a FAR e a FRR se intersectarem num determinado ponto. O valor da FAR e da FRR nesse ponto, que é obviamente o mesmo para ambas, é designado por Equal Error Rate (EER). A Figura 6.1 mostra claramente que a taxa de erro igual (EER) é obtida no valor limite de cerca de 30%.

| Limiar | FAR | FRR |
|--------|------|------|
| 5 | 1 | 0 |
| 10 | 0.88 | 0.12 |
| 15 | 0.88 | 0.12 |
| 20 | 0.66 | 0.25 |

| 25 | 0.38 | 0.25 |
|---|---|---|
| 30 | 0.2 | 0.375 |
| 35 | 0.08 | 0.625 |
| 40 | 0.03 | 0.75 |
| 45 | 0.013 | 0.875 |
| 50 | 0 | 0.875 |
| 55 | 0 | 0.875 |
| 60 | 0 | 0.875 |
| 65 | 0 | 0.875 |
| 70 | 0 | 0.875 |
| 75 | 0 | 0.875 |
| 80 | 0 | 0.875 |
| 85 | 0 | 0.875 |
| 90 | 0 | 0.875 |
| 95 | 0 | 0.875 |
| 100 | 0 | 1 |

Tabela 6.2 Resultados de FAR e FRR.

| Limiar | FAR | FRR | TER |
|---|---|---|---|
| 5 | 1 | 0 | 1 |
| 10 | 0.88 | 0.12 | 1 |
| 15 | 0.88 | 0.12 | 1 |
| 20 | 0.66 | 0.25 | 0.91 |
| 25 | 0.38 | 0.25 | 0.63 |
| 30 | 0.2 | 0.375 | 0.58 |
| 35 | 0.08 | 0.625 | 0.63 |
| 40 | 0.03 | 0.75 | 0.78 |
| 45 | 0.013 | 0.875 | 0.88 |
| 50 | 0 | 0.875 | 0.88 |
| 55 | 0 | 0.875 | 0.88 |
| 60 | 0 | 0.875 | 0.88 |
| 65 | 0 | 0.875 | 0.88 |
| 70 | 0 | 0.875 | 0.88 |
| 75 | 0 | 0.875 | 0.88 |
| 80 | 0 | 0.875 | 0.88 |
| 85 | 0 | 0.875 | 0.88 |
| 90 | 0 | 0.875 | 0.88 |
| 95 | 0 | 0.875 | 0.88 |
| 100 | 0 | 1 | 1 |

Tabela 6.3 Resultados de FAR, FRR e TER.

**Taxa de erro total (TER)**

A taxa de erro total, a taxa de falsa aceitação e a taxa de falsa rejeição com diferentes limiares foram calculadas e os resultados estão tabulados na Tabela 6.3. A Tabela 6.3 mostra os resultados da Taxa de Falsa Aceitação (FAR), da Taxa de Falsa Rejeição (FRR) e da Taxa de Erro Total (TER) com diferentes valores de limiares. E a figura 6.2 mostra

a curva entre FAR, FRR e TER em diferentes limiares. A partir da figura 6.3, verificamos que a taxa de erro total (TER) é mínima quando o valor dos limiares é de cerca de 30 e que a taxa de falsa aceitação (FAR) e a taxa de falsa rejeição (FRR) são mínimas nestes limiares.

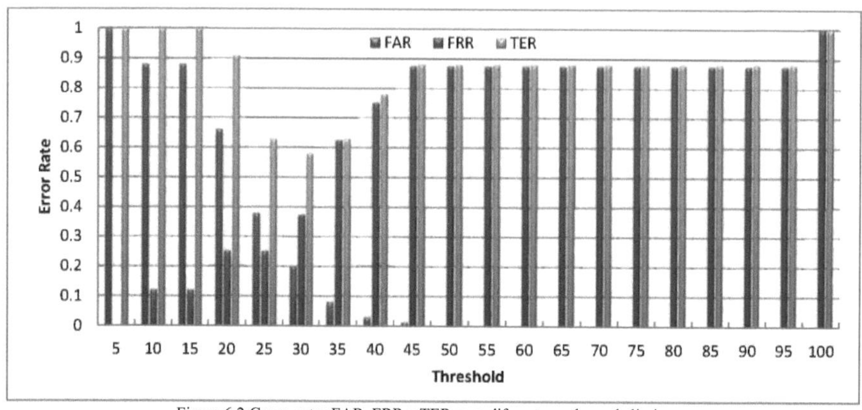

Figura 6.2 Curva entre FAR, FRR e TER para diferentes valores de limiares.

## 6.3.2 Implementação sem filtro de Gabor
### FAR e FRR

Fizemos outra experiência para esse sistema sem filtro de Gabor e com dedos retirados da mesma base de dados e os resultados para FAR e FRR estão listados na Tabela 6.3, e os gráficos correspondentes são mostrados na Figura 6.4.

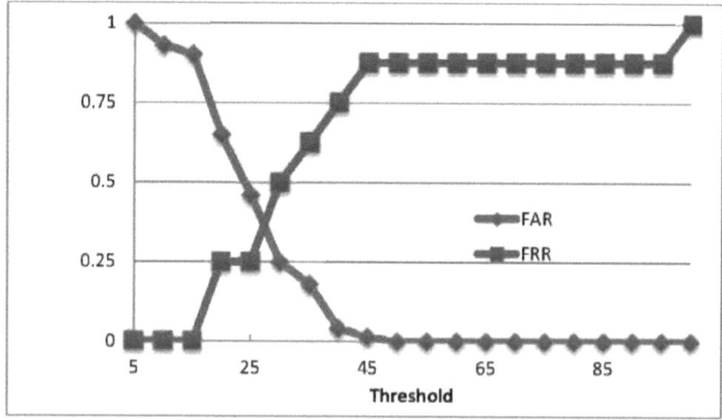

Figura 6.3 Curva FAR e FRR.

A Tabela 6.4 mostra os resultados da Taxa de Falsa Aceitação (FAR) e da Taxa de Falsa Rejeição (FRR) em valores de limiar de 5-100, quando se utilizam 60 dedos iguais e 60 dedos diferentes da base de dados FVC2000. A Figura 6.3 mostra a curva da taxa de falsa aceitação (FAR) e da taxa de falsa rejeição (FRR). Se a FAR e a FRR se intersectarem num determinado ponto. O valor da FAR e da FRR nesse ponto, que é obviamente o mesmo para ambas, é designado por taxa de erro igual (EER). A Figura 6.1 mostra claramente que a taxa de erro igual (EER) é obtida no valor limite de cerca de 25%.

46

| Limiar | FAR | FRR |
|--------|-----|-----|
| 5 | 1 | 0 |
| 10 | 0.93 | 0 |
| 15 | 0.9 | 0 |
| 20 | 0.65 | 0.25 |
| 25 | 0.46 | 0.25 |
| 30 | 0.25 | 0.5 |
| 35 | 0.18 | 0.625 |
| 40 | 0.042 | 0.75 |
| 45 | 0.014 | 0.875 |
| 50 | 0 | 0.875 |
| 55 | 0 | 0.875 |
| 60 | 0 | 0.875 |
| 65 | 0 | 0.875 |
| 70 | 0 | 0.875 |
| 75 | 0 | 0.875 |
| 80 | 0 | 0.875 |
| 85 | 0 | 0.875 |
| 90 | 0 | 0.875 |
| 95 | 0 | 0.875 |
| 100 | 0 | 1 |

Tabela 6.4 Resultados deFAR e FRR.

| Limiar | FAR | FRR | TER |
|--------|-----|-----|-----|
| 5 | 1 | 0 | 1 |
| 10 | 0.93 | 0 | 0.93 |
| 15 | 0.9 | 0 | 0.9 |
| 20 | 0.65 | 0.25 | 0.9 |
| 25 | 0.46 | 0.25 | 0.71 |
| 30 | 0.25 | 0.5 | 0.75 |
| 35 | 0.18 | 0.625 | 0.8 |
| 40 | 0.042 | 0.75 | 0.8 |
| 45 | 0.014 | 0.875 | 0.88 |
| 50 | 0 | 0.875 | 0.88 |
| 55 | 0 | 0.875 | 0.88 |
| 60 | 0 | 0.875 | 0.88 |
| 65 | 0 | 0.875 | 0.88 |
| 70 | 0 | 0.875 | 0.88 |
| 75 | 0 | 0.875 | 0.88 |
| 80 | 0 | 0.875 | 0.88 |
| 85 | 0 | 0.875 | 0.88 |
| 90 | 0 | 0.875 | 0.88 |
| 95 | 0 | 0.875 | 0.88 |
| 100 | 0 | 1 | 1 |

Tabela 6.5 Resultados deFAR, FRR e TER.

## Taxa de erro total (TER)

A Taxa de Erro Total, a Taxa de Falsa Aceitação e a Taxa de Falsa Rejeição em diferentes limiares foram calculadas e os resultados estão tabulados na Tabela 6.5. A curva é apresentada na figura 6.4.

A Tabela 6.5 mostra os resultados da taxa de falsa aceitação (FAR), da taxa de falsa rejeição (FRR) e da taxa de erro total (TER) com diferentes valores de limiares, quando sem filtro. E a figura 6.4 mostra a curva entre a figura 6.4 e a figura 6.5. Vemos que a Taxa de Erro Total (TER) é mínima quando o valor dos limiares é de cerca de 25 e também vemos que a Taxa de Falsa Aceitação (FAR) e a Taxa de Falsa Rejeição (FRR) são mínimas neste valor de limiar.

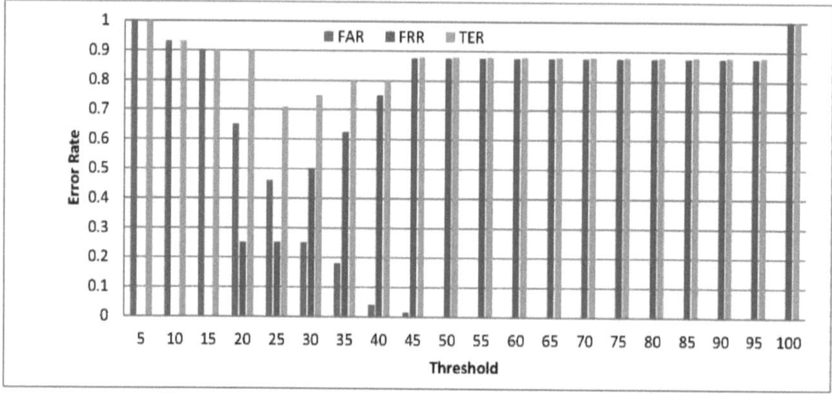


Figura 6.4 Curva entre FAR, FRR e TER para diferentes valores de limiares

### 6.3.3 Comparação de erros

A comparação de erros entre o sistema implementado com filtro de Gabor e sem filtro de Gabor é apresentada na figura 6.5.

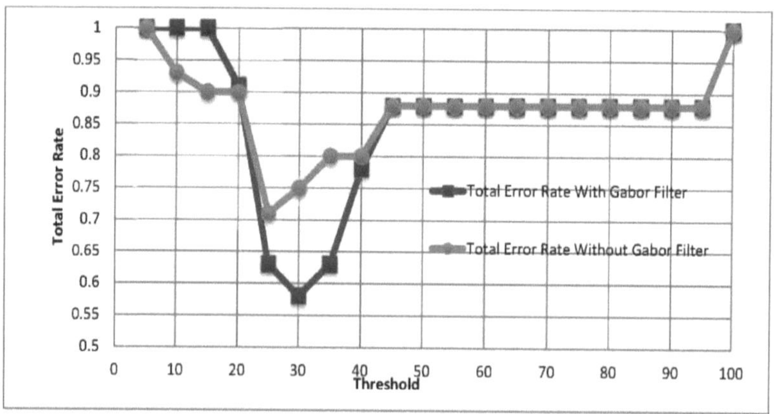


Figura 6.5 Avaliação do sistema implementado com filtro de Gabor e sem filtro de Gabor.

Pode concluir-se da figura 6.5 que o nosso sistema implementado com o filtro de Gabor é muito melhor do que o sistema sem filtro de Gabor. No nosso sistema implementado, a taxa de erro total é cerca de 15% inferior à do sistema sem filtro de Gabor.

## 6.4 Caraterísticas de funcionamento do recetor (ROC)

O ROC, tal como a FRR, só pode assumir valores entre 0 e 1 e está limitado a valores

entre 0 e 1 no eixo x (FAR). Apresenta as seguintes caraterísticas

- A ROC ideal só tem valores que se situam no eixo x (FAR) ou no eixo y (FRR), ou seja,

quando a FRR é 0, a FAR é 1, ou vice-versa.

- O ponto mais alto é, para todos os sistemas, dado por FAR=0 e FRR=1.

- O ROC não pode aumentar.

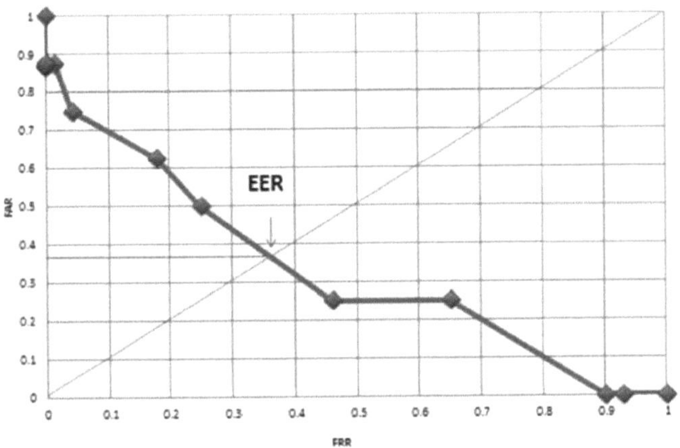


Figura 6.6 Curva das caraterísticas de funcionamento do recetor (ROC)

As curvas ROC oferecem a possibilidade de determinar diferentes pontos de funcionamento.

Um ponto de funcionamento possível é, por exemplo, a linha de funcionamento para erros

idênticos. O ponto de funcionamento do EER é determinado pelo ponto de intersecção da

curva ROC e a reta FAR=FRR.

# Conclusões e trabalho futuro

Os sistemas tradicionais baseados no conhecimento, como a palavra-passe ou o número de identificação pessoal (PIN), e os sistemas baseados em fichas, como o passaporte ou a carta de condução, foram alterados porque os PIN podem ser esquecidos ou adivinhados por um impostor e as fichas podem ser perdidas ou roubadas, pelo que este tipo de abordagens não consegue satisfazer os requisitos de segurança da nossa sociedade da informação interligada eletronicamente. Para evitar estas situações, as impressões digitais têm sido utilizadas há mais de um século e são a forma mais utilizada de identificação biométrica devido à sua unicidade e consistência ao longo do tempo. Nesta investigação, é implementado um filtro de Gabor no domínio espacial para o reconhecimento de impressões digitais com base em minúcias.

O sistema desenvolvido foi avaliado pela base de dados de impressões digitais FVC2000 (Fingerprint Verification Competition 2000). Esta contém 80 impressões digitais de 10 pessoas, ou seja, 8 impressões digitais por pessoa. A dimensão de cada impressão digital é de 640^480. Esta base de dados foi recolhida utilizando dois sensores de pequena dimensão e baixo custo, como o ótico e o capacitivo, respetivamente. As imagens utilizadas eram imagens em linha de qualidade razoavelmente boa. Há uma série de factores que prejudicam a localização correta das minúcias. Entre eles, o mais grave é a má qualidade da imagem.

Para melhorar a fraca qualidade de uma imagem, é utilizado o método de melhoramento da imagem no domínio espacial, utilizando o filtro de Gabor. Para efetuar a extração de minúcias, foi implementado o método Crossing Number. Por conseguinte, é implementada uma fase de pós-processamento da imagem para validar as minúcias. Os resultados experimentais do algoritmo de validação de minúcias indicam que esta fase adicional de pós-processamento é eficaz na eliminação de vários tipos de estruturas de minúcias falsas. Unificação de minúcias através da decomposição de um ramo em três terminações e correspondência no sistema de coordenadas x-y unificado após uma transformação em duas etapas, a fim de aumentar a precisão do processo de localização de minúcias e a eliminação de minúcias espúrias com maior exatidão.

Os sistemas baseados em minúcias são mais exactos do que os sistemas baseados em correlação e o tamanho do modelo da representação de impressões digitais baseada em minúcias é pequeno. As minúcias são extraídas das duas impressões digitais e armazenadas como conjuntos de pontos no plano bidimensional. A correspondência baseada em minúcias consiste essencialmente em encontrar o alinhamento entre o modelo e os conjuntos de minúcias de entrada que resultam no número máximo de pares de minúcias.

A experiência mostra o desempenho do sistema implementado, como o valor da taxa de falsa aceitação, da taxa de falsa rejeição, da taxa de erro igual e da taxa de erro total em diferentes valores de limiar e o desempenho é muito melhor do que o sistema implementado sem filtro de Gabor. A curva ROC também foi apresentada nos resultados.

É possível melhorar ainda mais em termos de eficiência e precisão, o que pode ser conseguido melhorando a qualidade da imagem. Assim, no futuro, gostaríamos de implementar o banco de filtros de Gabor para melhorar a qualidade da imagem e espera-se que isso melhore o desempenho do sistema.

# Referências


Stan Z. Li e Anil K. Jain, editores. Encyclopedia of Biometrics (Enciclopédia de Biometria). Springer US, 2009.

James L. Wayman, Anil K. Jain, DavideMaltoni e Dario maio. BiometricSystems: Technology, Design and Performance Evaluation. Springer-VerlagNewYork, Inc., Secaucus, NJ, EUA, 2004.

SalilPrabhakar, "Fingerprint Classification and Matching Using a Filterbank", 2001.

Zain S. Barham, "Reconhecimento de impressões digitais utilizando MATLAB, projeto de licenciatura", 2011.

DavideMaltoni, Dario maio, Anil K. Jain, SalilPrabhakar, "Handbook of Fingerprint Recognition".

Anil Jain, Lin Hong, e SharathPankanti, "BIOMETRIC IDENTIFICATION", COMMUNICATIONS OF THE ACM fevereiro de 2000/Vol. 43, No. 2.

Ravi Das, "An introduction to biometrics, A concise overview of the most important biometric technologies", Keesing Journal of Documents & Identity, edição 17, 2006.

IZNI SYARINAZ BINTIISMAYUDDIN, "FINGERPRINT RECOGNITION USING FEATURE EXTRACTION", NOVEMBRO, 2006.

Reconhecimento de impressões digitais pelo Conselho Nacional de Ciência e Tecnologia (NSTC).

Hemlata Patel, Mr. Vishal Sharma, "Fingerprint Recognition by Minutiae Matching Method for Evaluating Accuracy", International Journal of Engineering Trends and Technology (IJETT) - Volume4Issue5- May 2013.

Tsai-Yang Jea, "Minutiae-based fingerprint recognition", novembro de 2005.

Abhishekrawat, "A hierarchical fingerprint matching system" (Um sistema hierárquico de correspondência de impressões digitais), julho de 2009.

Anil Jain, SharathPankanti, "Fingerprint Classification and Matching",.

Lin Hong, Anil Jain, "Classification of Fingerprint IMAGES" (Classificação de imagens de impressões digitais).

EmanuelaMarasco, Arun Ross, "A Survey on Anti-Spoofing Schemes for Fingerprint Recognition Systems", ACM Comput. Surv. 47, 2, Artigo A (setembro de 2014), 36 páginas.

Jean-Christophe Petkovich, "A Fingerprint Identification System", novembro de 2011.

Anil Jain, SharathPankanti, "Automated Fingerprint Identification and Imaging Systems".

SalilPrabhakar, "Fingerprint Classification and Matching Using a Filterbank", 2001.

Gian Luca Marcialis e Fabio Roli, "Fingerprint Verification by Fusion of Optical and Capacitive Sensors", PATTERN RECOGNITION LETTERS AUGUS 2004.

DavideMaltoni, "Fingerprint Recognition: Sensing, feature extraction and matching", junho de 2003.

JianjiangFeng e AnniCai, "Fingerprint Representation and Matching in Ridge Coordinate System", IEEE computer society, 2006.

JADHAV S.D., BARBADEKAR A.B., Prof.(Dr.) PATIL S.P., "Euclidean Distance Based Fingerprint Matching", ISBN: 978-960-474-276-9.

Jihad Jaam, Mohamed Rebaiaia e Ahmed Hasnah, "A fingerprint recognition system based on Genetic Algorothms", International Arab Journal of Information Technology, Vol.3 No. 3, julho de 2006.

Sharatchikkerur, Chaohong Wu e VenuGovindaraju, "A systematic approach for feature extraction in Fingerprint images" CUBS, NY, USA.

Asker M. Bazen, "Fingerprint Identification - Feature Extraction, Matching, and Database Search", 19 de agosto de 2002.

D. maio, D. Maltoni, R. Cappelli, J.L. Wayman, e A.K. Jain FVC2000: Fingerprint Verification Competition,! Relatório interno do Biolab, Univ. de Bolonha, Itália, setembro de 2000, disponível em http://bias.csr.unibo.it/fvc2000/